"出土文献与古史史料学研究"丛书

谢维扬 著

古书形成研究与古史史料学问题

上海大学出版社

图书在版编目(CIP)数据

古书形成研究与古史史料学问题/谢维扬著. —上海：上海大学出版社,2023.7
("出土文献与古史史料学研究"丛书)
ISBN 978-7-5671-4725-6

Ⅰ.①古… Ⅱ.①谢… Ⅲ.①古籍-研究②中国历史-古代史-史料学-研究　Ⅳ.①G256②K220.6

中国国家版本馆 CIP 数据核字(2023)第 099572 号

责任编辑　贾素慧
封面设计　缪炎栩
技术编辑　金　鑫　钱宇坤

"出土文献与古史史料学研究"丛书
古书形成研究与古史史料学问题
谢维扬　著

*

宁镇疆　编
上海大学出版社出版发行
(上海市上大路 99 号　邮政编码 200444)
(https://www.shupress.cn　发行热线 021-66135112)
出版人　戴骏豪

*

南京展望文化发展有限公司排版
上海颛辉印刷厂有限公司印刷　各地新华书店经销
开本 710mm×1000mm　1/16　印张 15　插页 1　字数 188 千字
2023 年 9 月第 1 版　2023 年 9 月第 1 次印刷
ISBN 978-7-5671-4725-6/G·3519　定价 98.00 元

版权所有　侵权必究
如发现本书有印装质量问题请与印刷厂质量科联系
联系电话：021-56152633

目 录

上 编

古书成书情况与古史史料学问题 ································· 3
古书成书和流传情况研究的进展与古史史料学概念
　　——为纪念《古史辨》第一册出版八十周年而作 ············· 13
"层累说"与古史史料学合理概念的建立 ························· 33
二十一世纪中国古史研究面对的主要问题 ······················· 53
古书成书的复杂情况与传说时期史料的品质 ····················· 79
儒学对中国古代文献传统形成的贡献 ·························· 105
经典的力量：中国传统的现代去路
　　——从汉代经学的发展对中国古代文献传统形成的影响谈起
　　··· 123

下 编

从豳公盨、《子羔》篇和《容成氏》看古史记述资料生成的真实过程
　　··· 153

从《清华简(壹)》看古书成书和流传的一些问题 …………… 167
由清华简《说命》三篇论古书成书与文本形成二三事 …………… 181
《楚居》中季连年代问题小议 …………… 199
《老子》"早期传本"结构及其流变研究·序 …………… 209
徐中舒先生读古史方法的一些启示 …………… 217

编后记 …………………………………… 宁镇疆 227

上 编

古书成书情况与古史史料学问题

近年来中国古代早期文献文本的不断发现对于治古史而言,除提供给我们大批新资料之外,最深远的意义也许莫过于对古史研究的史料学基本概念的问题,促使人们根据对新资料的研究从更多方面作一些反思,以获得某些新的认识。自近代以来,古史史料学的概念沿科学性的方向不断改造,意义之巨大自无可怀疑。但也应承认,整个过程其实仍然是在长成之中;在研究的实践中关涉方法的争议几无日无之,而在学者中对古史史料学原则的基本认识有时也相距何止丈尺之间。尤其是近年来,尽管在我们看来讨论这一问题的条件已大为改观,但由于对新出土早期文献文本之意义的认识不同,学者间对古史史料学原则的认定在有些对比中仍然存在明显的差异。不久前问世的《剑桥中国上古史》(*The Cambridge History of Ancient China*)① 也许就是一个最近的例子。作为西方汉学界的一部代表性力作,其对于古史史料学问题照例是有敏感意识的(这从它对资料问题的大量论述中可以看出),而它引人注目的一点是在撰写结构上采用了并不多见的将地下出土资料与文献资料作"二元"处理的办法。这给人的印象是:一、在复杂的古史史料学问题面前,它希望避免在每一处关乎古史史料学原则的问题上简单表态;二、与此同时,它又试图通过这种"二元"的办法宣示它的依据地下出土之文物讲古史乃古史史料学之正宗的观念,而文献的地位则相应变成了"依赖性的"(dependent)。因此其虽没有正面地将传世文献一棍子打死,但依其写法,文献作为独立的古史史料的地位则暧昧了许多,甚至基本上没有了独立性,据文献来讲古史先成底气不足之事(也正因为这样,尽管文献中关于夏

---

① M. Loewe & E. L. Shaughnessy ed., *The Cambridge History of Ancient China*, Cambridge University Press, 1999.

朝历史的资料是众所周知的,但该书却坚持不写"夏朝"这一章)。这种古史史料观也许并不是目前众多学者所能认同的。仅此一例便可看出,在某种意义上,学术界对于古史史料学基本概念认识的分歧并没有根本解决;要真正确立起一种公认的古史史料学的基本理论,学术界面临的任务还是十分艰巨的。对近年来新出土早期文献文本的研究应该注意对这方面问题的总结和讨论,因为这将是打破史料学难题僵局的真正可能有好的结果的途径;同时也只有将史料学问题的讨论包括在其中,对所有新出土资料研究的意义才是确定的,整个古史研究也才会因此而进一步增强其科学性的基础。

通过对新出土文献的研究来检讨古史史料学的基本概念,核心问题是对古书成书情况的再认识。这个问题的意义可以说只是在地下出土早期文献文本大量发现后才被充分认识到的。在二十世纪七十年代以前,对于古书成书情况的追究尽管本来应该是讨论古史史料学问题的前提,但实际上并没有被足够重视。这首先是因为当时还没有条件做这方面深入的考察,尤其是没有可能对各种假说加以验证。同时实际上由于没有实物的参照和对比,许多讨论者甚至并没有特别意识到追究不同历史时期书籍成书情况异同的重要性。因此自二十世纪二三十年代"古史辨"学派对古书问题发表批判性意见以来,其关于古书成书情况的认识并未受到严重的质疑,而这恰恰是判断"古史辨"批判性工作最终是否成立的关键之一。这种情况至迟自八十年代开始有重要转变。1982年李学勤先生就提出了要对古书做"二次反思"的意见[①]。1988年李零先生写出《出土发现与古书年代的再认识》一文,进一步展开了在新出土简帛书籍研究的基础上对于古书问题的深入研究,明确提出了对于"古书的体例的研究"的问题,并详细地通过对余嘉锡《古书通例》一书内容的介绍与补充首次总结了根据对新出

---

① 李学勤:《重新估价中国古代文明》,《人文杂志》增刊,1982年。

土文献文本的了解所得出的关于古书成书情况的新认识。李文在这个题目下明确批评了"中国传统的辨伪学",认为其"主要是根据一种简单的推理","在逻辑上似乎很严密,但它根据的却是汉魏以后的著作体例,放之先秦,则大谬不然"①。这实际上已经涉及了古史史料学的问题。九十年代,李学勤先生在《新出简帛与学术史》一文中提到新出土文献研究"逐渐转变了"人们"对古书形成过程的认识",同时还谈到了以往有些著作"对古书的成书采取一种静止不变的观点"的问题,将古书成书问题与史料学问题联系起来②。2000年,李学勤先生再次以《新发现简帛佚籍对学术史的影响》为题谈到古书问题,明确提出"对古书形成过程的了解"的问题,指出"认识古书总是有其形成演变的过程,是很重要的";"以动态的、历史的眼光去看古书,便不会动辄指之为伪",而且特别提到了对新出土文献的了解和研究"从方法上揭示了过去辨伪工作的局限性"③。所有这些论述的要点是:一、对于古书成书的真实情况需要研究;二、对于古书成书情况的研究需以对新出土古代文献文本的研究为基础;三、对于古书成书情况的误解是"传统的"古史史料学所存在问题的关键。应该说,这些意见的提出以及它们所代表的八十年代以来学术界对于新出土文献所作的工作对于深入思考古史研究方法上的问题有很重要的意义,是寻求建立现代古史史料学理论的重要起点。换言之,在此之前的古史史料学理论因为还没有包括这些认识及相应的实践,整体上还是在"传统的"古史史料学理论范畴内,必须经过重要的改进,使之转化为现代古史史料学理论,才能对现代古史研究起到应有的完全积极的作用。而整理出古书成书情况的真实细节,正是这种改进的第一步。

---

① 李零:《出土发现与古书年代的再认识》,《李零自选集》,广西师范大学出版社1998年版,第23页。
② 李学勤:《简帛佚籍与学术史》,台北时报文化出版公司1994年版,第12页。
③ 李学勤:《新发现简帛佚籍对学术史的影响》,《道家文化研究》(第十八辑),生活·读书·新知三联书店2000年版,第2页。

从史料学的立场来看,古书成书情况的研究主要要回答三方面的问题。首先当然是古书真伪的问题。确切地说,就是以对先秦古书成书情况的了解来判断传世文献的可靠性程度的问题。这也可以说是"传统的"古史史料学下力最多的问题,但它们的问题和失误亦多,对古史研究方法的影响也最大,必须依靠对新资料的研究作出清理。在这方面,八十年代以来的一些研究的重要贡献就是将对于古书成书情况的检讨作为重要的方法纳入到古书真伪问题的讨论中来。这是"传统的"史料学所大不及的,而且在某种意义上也是其最致命的弱点。因为总体上,"传统的"史料学包括其辨伪的工作,对于古书成书情况是循"以今比古"的思路草率处理的,但问题就在于,古书成书情况自先秦至汉魏以后有很大变化,二者已基本不可同日而语,用较晚近的书籍成书规律来判断先秦古书的问题不免会有重大失误。当然这个情况也只是在大量获得早期文献文本之后才为今天的研究者所了解的。因此在考察古书真伪的问题上,现代史料学理论的基调是明确的,那就是必须走出"传统的"古书辨伪方法的简单公式,而把新出土文献资料所揭示的古书成书过程中的诸多早期特征考虑在其中。

然则,在清理"传统的"辨伪理论方面,由于有出土文献文本实物作为依据,复原(至少是部分地复原)古书成书过程的细节成为现代史料学的有力手段,也是其形成新的更合理理论的主要突破口。在这方面应该说已经有了重要的、奠基性的成果。李零先生在上引论文中以"出土简帛书籍与古书体例"为题对新出土文献实物所表现的古书成书过程中重要细节的归纳和阐述,就很值得重视。该文在整理余嘉锡《古书通例》成果的基础上,依据出土简帛书籍资料总结了先秦古书体例的八个特点,对于认定"传统的"古史史料学理论在判断古书真伪问题上的致命弱点或失误已经很能说明问题。

由此我们想到两个问题。首先是在现代史料学工作中,如果要对中国早期文献证伪的话,可靠的标准是什么?从传统辨伪学整体上的不成功中,我们可以知道,拿古书体例范畴内的特征作为证伪的依据是十分危险的。传统辨伪学(包括其最晚近的阶段)前后已历经数百年的努力,将大批先秦古书网罗为对象,凡在证伪方向上的所有可能的说辞应该都已提出(可以说已使人看到了这种"辨伪"努力的极限),却并没有能给出判定古书真伪的真正有理的标准(按李零的说法,就是"传统辨伪学所定判别真伪的标准大多不能成立。"①),原因何在呢?实际上正是因为传统辨伪学所讨论的恰恰几乎都是古书体例范畴内的问题(这一点可参看李零先生上引文)。传统辨伪学整体上的不成功表明,对先秦古书而言,其体例范畴内的真实情况远比研究者想象的要复杂和富于变动,因为这些毕竟是在古书自身作为一个范畴正在形成过程中出现的情况。不仅传统辨伪学者不可能完整掌握其规律,就是现代学者在了解部分出土文本情况之后,恐怕也不能说已穷尽其所有的可能性。因此对于先秦古书体例范畴内问题的讨论,必须有足够的开放性。在涉及古书体例的问题上,恐怕还是应如余嘉锡所说:"若意虽以为未安,而事却不可尽考,则姑云未详,以待论定。"②这也就是说,因为我们对于古书涉及体例问题的了解远未穷尽("事不可尽考"),已知规律的判定力是不确定的,甚至可以说是可疑的。那么,如果要找一个判定的有效标准,它应该在哪里呢?对此,我的不成熟的意见是,对先秦古书证伪的最终标准应该来自书外,即应该找到正面反映作伪行为的足够证据或证明。这应该不属苛求,因为自书内立标准之风险已如上述,自书外求之是很自然的。而要研究作伪行为的发生,则问题将进入所谓知识社会学或知识动力学关注的领域内。比如李零说:"既然古代并没有如同后世一样的明确著作权,……加之书籍传播的不易,则他们(先秦人)不仅应比后世更少作伪之动机,而且应

---

① 李零:《出土发现与古书年代的再认识》,《李零自选集》,广西师范大学出版社1998年版,第31页。
② 余嘉锡:《古书通例》,《余嘉锡说文献学》,上海古籍出版社2001年版,第237页。

比后世更少作伪之可能。"①所谓作伪的动机等等,就是远比古书体例范畴内的问题范围更广的话题。但对说明古书作伪事实而言,这些是应当得到研究的。

　　从以上论述中实际上还可以想到与证伪标准有关的另一个有趣的问题,那就是对于一部古书的判别,是应由证伪方举证还是应由证真方举证呢？上引余嘉锡的话实际上就涉及这个问题,而他在上文中还谈得更明确,说:"语曰:'明其为贼,敌乃可灭。'欲辨纪载之伪,……必获真赃,乃能诘盗。"②显然,在余氏看来,证伪方有举证之责。本文上面提到的对先秦古书证伪的最终标准应该来自书外,即应该找到正面反映作伪行为的足够证据或证明的意见,实际上说的也是证伪方举证责任的问题。相反的立场之最简明的例子就是在"古史辨"早年工作中多见的所谓"默证法",就是说,除非你举出证真的证据,此书便非真。这当然强调的是证真方举证的责任。就结果而言,证伪方举证保护的是事实上的真古书,证真方举证防止的则是将伪古书当作真古书。因此在"法理"上这两种立场似乎均无可厚非。然而在实践上,持证真方举证立场的传统辨伪学常年努力的结果是"古籍辨伪的工作越'热忱',我们就越'无书可读'了"③;而近年来对新出土文献研究的一个直接的结果是证明不少长期被斥为伪书的古籍实际是真的,或者一部分是真的④。这说明就中国早期文献的实际而言,坚持证真方举证立场的效果是不好的。在古史研究实践中,证真方举证立场的影响也值得反思。前文提到《剑桥中国上古史》不列"夏朝"一章,其实《史记·夏本纪》中对夏世系的记载在质量上同《商本纪》没有根本不同;

---

① 李零:《出土发现与古书年代的再认识》,《李零自选集》,广西师范大学出版社1998年版,第31页。
② 余嘉锡:《古书通例》,《余嘉锡说文献学》,上海古籍出版社2001年版,第237页。
③ 郑良树:《诸子著作年代考》,北京图书馆出版社2001年版,第266页。
④ 李学勤:《新发现简帛佚籍对学术史的影响》,《道家文化研究》(第十八辑),生活·读书·新知三联书店2000年版,第2页。

倒退一百五十年，依《剑桥中国上古史》的立场，"商朝"一章也应该不会写，因为那时不会有殷墟甲骨的"证真"，然而现在没有人怀疑商史是真实的。因此在《夏本纪》的问题上，《剑桥中国上古史》目前坚持的证真举证立场实际上反映了其拒绝对中国早期文献的全面和总体的表现与特征作完整的思考。其实，依最平实的逻辑推断，依证真举证立场排斥《夏本纪》很可能会是武断的。这个事实有很深刻的含义，那就是对于中国早期文献文本的生成的基本理由应有恰如其分的认识，这一点还是需要我们大力研究的。

另一个问题是根据传统辨伪学整体不成功的事实，应该考虑未来古史史料学的任务会有什么变化。事实上，传统辨伪学的成果并不理想这一点已经表明，对中国早期文献这一大宗资料而言，其作为史料的价值在总体上与古书辨伪工作并没有重要的、全面的联系。因此在未来古史史料学理论中，可以设想，相对"传统的"史料学，对古书辨伪的问题应该不会再占据中心和重要位置，辨伪的重要性会大大减弱，史料学思考的重心将会放到对于现代古史研究的要求更具针对性的问题上（比如对古书内容来源的整理和对古书采用事实素材的原则的分析等）。如果说"传统的"史料学理论是以"辨伪"为主要特征，那么未来古史史料学将越过这个阶段，而进入更深层次问题的处理。这个估计对现代古史史料学的建设有重要意义。因为就现代古史研究的要求而言，属于史料学范畴的许多问题本来应该得到深入研究（比如上面提到的两个问题）。但在"传统的"史料学理论的定势下，长期以来这些问题不是被掩盖了、削弱了，就是被混淆或扭曲了。这对古史研究本身的进展是有牵制的。对于传统史料学理论得失的反思无疑应该帮助我们改善这种局面。

由此我们正好可以谈到古书成书情况研究的另外两个同现代古史史料学概念的建设有关的主要方面，那就是关于古书内容来源判别的问题和对早期文献文本之间关系的整理的问题。

从史料学的观点来看，一项古代资料的价值最终取决于其来源如何。具有真实事实来源的资料就是具有史料价值的资料。因此，关于古书内容来源的判别应该是更具有史料学意义的基础工作（而古书辨伪严格讲来只是关于史料载体的一项工作）。尤其是对于中国早期历史的研究而言，在史料的问题上，对于资料来源问题的探究有时比确定某部古书的真伪似乎更重要。近年来对出土文献所反映的古书成书情况的研究，在帮助我们形成探究古书内容来源的合理规则和有效方法方面是有重要启发的。首先比如，对于中国传说时期历史的大量资料，在"古史辨"早年方法上是将其解说成"层累地形成的"历史，实际上就是判为系统造伪的产物。但在掌握真实的早期文献文本实物的今天，通过对先秦古书成书情况的深入研究，应该可以证明这完全是不可能的，是对中国早期文献文本生成机理的非常主观的想象。因此对传说时期事实素材出现的原理，应该从更广泛的角度去分析。比如现在我们知道许多传说时期人名在先秦实用文字资料中出现，如包山楚简所记的老童、祝融，和早年已知的东周铜器上的黄帝等。虽然实用文字资料不是"古书"，但这些资料对分析古书内容的来源无疑是有价值的。由此也可以看到，在特定内容或事实素材的来源的判定方面，早期文献文本之间，包括古书文本与作为广义的早期文献的早期实用文字资料之间关系的整理是很重要的依据。随着对古书成书情况研究的进一步深入和扩展，对于古书内容来源和早期文献文本关系的认识一定会不断丰富与进步，而这将使我们真正逼近建立更为科学的古史史料学理论的目标。

（原刊于《金景芳教授百年诞辰纪念文集》，吉林大学出版社2002年版）

古书成书和流传情况研究的进展与古史史料学概念

——为纪念《古史辨》第一册出版八十周年而作

2006 年是顾颉刚先生所编《古史辨》第一册出版八十周年。在中国近代学术尤其是近代以来中国古史研究的整个发展历程上，这是非常值得纪念的一件事。裘锡圭先生曾说："近代以来中国古典学的第一次重建，可以认为是从二十世纪一二十年代开始的。"①所谓"中国古典学的第一次重建"，依我的理解，应该是指中国古典学在其方法和目标上首次试图进入近代学术的形态。对于中国近代学术包括近代意义上的中国古史研究的形成和发展，这当然是最重要的一步。这在当时中国社会与文化发展及其与外部交往情况变化的总的背景下，应该是必然要发生的一个过程。而在这个过程中，以顾先生以及胡适、钱玄同等先生为代表的一批学者在这一时期中对于中国古典学也就是中国上古史研究的方法等重大问题所做的一系列具有开创性的工作是具有举足轻重的地位的，对于中国古典学最初进入近代形态时所显现的面貌有十分重大的影响。《古史辨》第一册的出版正是这些工作的第一项最重要的成果，也成为由这些工作所体现的、后来长期对于中国学术尤其是古史研究产生重大影响的关于中国古史研究方法的所谓"疑古"思潮形成的标志。

《古史辨》的工作，尤其是它所包含的关于中国古史研究方法问题的深入探讨，对于中国近代学术发展的历史性影响是积极的。我们都知道，《古史辨》中占主要地位的工作的最大特征就是"疑古"。钱玄同先生在《古史辨》第一册中著文谈论"现在研究国学的人有三件首先应该知道的事"，其中第二条说的就是"要敢于'疑古'"，而在第一和第三条中说的是"要注意前人辨伪的成绩"，以及"治古史不可存'考信于

---

① 裘锡圭：《中国古典学重建中应该注意的问题》，《中国出土古文献十讲》，复旦大学出版社 2004 年版，第 2 页。

《六艺》'之见",这应该是更具体地指出钱先生认为"疑古"所要"疑"的最主要的方面①。"要敢于疑古",这是一句非常响亮的口号,然而又不仅是一句响亮的口号而已。它显然是表明了钱先生在那个时代所认为的,为建立具有近代品格的中国古史研究所应做的最重要的事。这段话,可说是对《古史辨》工作主要倾向的一个非常鲜明、也非常准确的概括。如果我们完整地看钱先生这段话,那么它还非常简明而清晰地告诉了我们,《古史辨》的疑古,无论其切入点或重点,都是关于古书的。所谓"不可存'考信于《六艺》'之见",其实就是说对所有先秦古书都不应轻信。而作为"第一件事"所提出的"要注意前人辨伪的成绩",就更是把清算"伪书"(也就是经伪造的古书)的问题提到了一个很高的高度。可见《古史辨》的疑古,其直接、正面和首先处理的实际上乃是属于史料学范畴的问题。从某种意义上说,《古史辨》疑古工作的主要目标和内容,正是试图为建立近代意义的中国古史研究寻求合格的史料学基础。这对正处于向近代形态转变的中国学术包括中国古史研究来说,无疑是非常重要和必要的。中国古史研究的史料学基础问题,其本身就是一个"近代的"的问题。裘先生在评论《古史辨》和由它形成的疑古思潮的历史地位时曾说:"虽然疑古之风早就存在,但是只是到了这一次才发展成主流思潮,怀疑的广度和深度也大大超过以往。"②这是很确切的。而这其中的原因,我想就是只有到了《古史辨》时代,疑古才真正具有了试图解决古史研究的史料学基础的完整含义。因此如果说《古史辨》的工作是促使中国古史研究"近代化"的功臣,应不过分。这也是顾颉刚先生,以及众多疑古学者对于中国学术的最大功绩。而由《古史辨》而来的疑古思潮对于一个时代学术思想冲击与影响之大、之深、之久远,更是学术史上所不多见的。当然,近

---

① 顾颉刚编:《古史辨》第一册,上海古籍出版社1982年版,第102页。
② 裘锡圭:《中国古典学重建中应该注意的问题》,《中国出土古文献十讲》,复旦大学出版社2004年版,第3页。

代中国学术界在试图解决古史史料学基础这个问题上,并不只有《古史辨》和疑古学者做出了他们的努力。在史料问题上提出"二重证据法"理论的王国维先生的工作,就也同样是为了在符合近代历史学和文献学方法规范的要求上解决这一问题,并且有不容忽视的重要成就。我认为,所有这些在中国近代以来学术的发展上都是有重大意义和贡献的。而所有这些工作所体现的关于古史研究方法的一些理念,比如说古书资料作为古史研究史料的品格,唯有在追究其自身可靠性和可信性问题后方得被认可,等等,已经成为绝大多数现代中国古史学者的共识。这是现代中国古史研究健康发展的必要条件。为此,我们也应该感谢80年前顾先生及众多其他前辈学者所做出的杰出工作。

当然,为建立现代中国古史研究所需的合格的史料学基础理论,学者们要达成的认识远不止上述这一点。自《古史辨》第一册出版80年来的学术史表明,为建立近代品格的中国古史研究寻求合格的史料学基础,并不是一件容易的事,因为其中所涉及的问题实在太多,也极其复杂。尤其是在对一些问题探讨的条件尚未真正具备时,学者们尽管有解决问题的清醒意识,也很难有真正的突破。从许多方面可以说,这一基础性的任务直至今日也还远没有完成,甚至在一些基本的问题上距离达成较为确定或公认的认识有相当大的距离。因此中国古史界多年来在这方面的探讨始终没有停止,而且今天仍然需要所有古史学者携起手来,通过不断的讨论与相互切磋,努力使这一基础性的研究有新的、重要的进展。

在近年来学者们对涉及中国古史史料学基础问题的研究中,最值得重视的领域之一,我认为是在对新出土文献的研究中。几年前我曾提到过:"近年来中国古代早期文献文本的不断发现对于治古史而言,除提供给我们大批新资料而外,最深远的意义也许莫过于对古史研究的史料学基本概念的问题,促使人们根据对新资料的研究从更多方面作一些反思,以获得某些新的认识。"①现在我仍然认为这一情况应当引起人们关注。新出土文献的研究之所以与古史史料学问题息息相关,最重要的一点是因为它们提供了以前从不为我们所知的古书成书和流传情况的某些真实细节,从而能帮助我们合理地判断与古书成书和流传过程有关的史料学问题。也就是说,只有大量看到古书的早期文本的实物资料,我们才能真正逼近了解古书和其他古代文献资料形成的真实过程,从而逼近了解所有已知古代资料之间真正的关系,而这时我们用来处理古史史料问题的方法才可能是真正正确的。在这方面,近年来已有许多学者做出重要工作。例如我曾经谈到过,自二十世纪八十年代开始,李零、李学勤等先生先后就新出土文献所提供的情况,比较深入地谈到了与古书成书和流传情况有关的一些问题。我曾从他们的论述中归纳出这样三点:"一、对于古书成书的真实情况需要研究;二、对于古书成书情况的研究需以对新出土古代文献文本的研究为基础;三、对于古书成书情况的误解是'传统的'古史史料学所存在问题的关键"②(若归纳更准确一些,应在三处"成书"后面再加上"流传")。在对大量新出土文献资料研究的基础上得出的这三点认识,其核心的一个意思就是,我们以往用来构成古史史料学概念的涉及古书成书和流传方面情况的知识有可能是不全面、不确切,甚至是不正确的。这在没有能大量直接看到古代文献文本实物的条件下是很自然的,也是不奇怪的。而在这样的知识的基础上所做出的一系列推论和结论,当然也就很可能有问题,也就不可能建立起真正合格的古史史料学概念体系。所以这三点认识我认为很可贵,也很重要,因为只有在有了这些认识的基础上,才会促使我们去获得某些较之以往更合理的古史史料学概念,建立现代古史史料学概念的整个工作也

---

① 谢维扬:《二十一世纪中国古史研究面对的主要问题》,《历史研究》2003年第1期。
② 谢维扬:《二十一世纪中国古史研究面对的主要问题》,《历史研究》2003年第1期。

古书成书和流传情况研究的进展与古史史料学概念

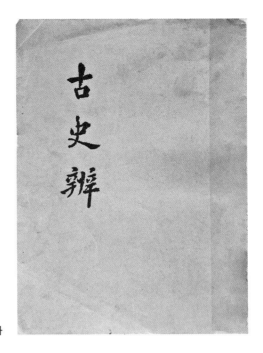

图1　顾颉刚编《古史辨》第一册

图2　余嘉锡著《古书通例》

会有实质性的进展。

从学者们近年来对古书成书和流传情况问题所作的研究来看,人们以往对于古书成书和流传情况认识的主要问题是在于很容易把这些情况理解得过于简明、简单。而实际上,古书成书与流传的真实过程是非常复杂和纠缠的,与现代人所熟知的现代出版物成书、发行与传播的过程有绝大的不同。在这方面,学者们根据对新出土文献文本实物的最新了解,对于古书成书与流传情况所归纳出的一系列值得注意的细节,应该是很能说明问题的。比如李零先生早在1986年论新出土《孙子兵法》的几篇文章中就已经谈到了古书形成和流传过程的一些问题[①]。在1988年写成的《出土发现与古书年代的再认识》一文中,又通过以新出土文献情况与余嘉锡先生早年所著《古书通例》中所归纳的古书体例特征参照研究的方式,归纳了"古书体例"的八大特征,即:(一)古书不题撰人;(二)古书多无大题,而以种类名、氏名及篇数、字数称之;(三)古书多以单篇流行,篇题本身就是书题;(四)篇数较多的古书多带有丛编性质;(五)古书往往分合无定;(六)古书多经后人整理;(七)古书多经后人附益和增饰;(八)古人著述之义强调"意"胜于"言","言"胜于"笔"[②]。这实际上谈的也就是古书成书和流传情况的问题。李学勤先生近年来对此也有许多研究,其在《对古书的反思》一文中,就对"古书产生和传流过程中""值得注意的情况"作了详细的归纳。他提到了以下十种情况:第一,佚失无存;第二,名亡实存;第三,为今本一部;第四,后人增广;第五,后人修改;第六,经过重编;第七,合编成卷;第八,篇章单行;第九,异本并存;第十,改换文字[③]。还

[①] 李零:《关于〈孙子兵法〉研究整理的新认识》《读〈孙子〉札记》,《〈孙子〉古本研究》,北京大学出版社1995年版,第275—277、291—293页。
[②] 李零:《出土发现与古书年代的再认识》,《李零自选集》,广西师范大学出版社1998年版,第27—31页。
[③] 李学勤:《对古书的反思》,《简帛佚籍与学术史》,江西教育出版社2001年版,第29—32页。

有其他学者对此也作了重要研究，恕不赘引。对于上述研究所揭示和提请注意的古书成书与流传过程中的这些复杂情况，我想从帮助我们更深入思考和恰当处理古史史料问题的角度，再归纳为以下一些认识：（一）古书成书，就绝大多数个案而言，都是一个经历很长时间和具有复杂环节的过程；换言之，所谓古书著作年代问题往往不是一个可有简明答案的问题（这意味着当人们试图以对古书著作年代问题的判断来帮助确认有关古书资料的真实性和史料价值等问题时，由于必须充分估计到这两者关系上的复杂性，往往不容得出过分简单或简明的结论）。（二）古书题名作者与实际成书年代之间在很多个案中只有约相关关系，因为大多数具有今日所见之内容的古书传本，前后涉及这些文本作成的人员往往不止一人，也就是古书成书年代与后所题名之作者生卒年代之间同样没有简单或简明关系。（三）古书经流传示人的文本中，所谓"本文"或"正文"与在著作顺序上次一级的"传说"或"传解"之间往往或有很大可能混而不清（因此在据今所见之有关文本内容讨论相关资料的真实性与史料价值等问题时，必须注意到分辨不同性质文本内容意义的必要性）。（四）古书传本之内容以有附益为常。（五）古书内容的取材所自不必早晚、真伪如一，而以驳杂为常（以上两条同样提醒我们应注意分辨不同性质文本内容的不同意义）。（六）古书实际流传情况繁于传世著录所示（因此不能以引述已知传世著录资料为判断古书实际流传情况之充足证据）。在这里，我还想补充一条我自己还只是初步认识到其意义的情况，即我们今日所见的所有古书文本，其在当日为古人使用时在文本性质上应各有不同。比如，最简单的一个可想见的事实是，在任一古书形成与流传过程中所出现的各宗文本中，应该有原稿本与传抄本的区别，而这两者在说明古书成书与流传问题上的意义是不同的。在讨论古书问题时，应该注意到这一点。李学勤先生就曾经提到过："迄今所见战国到汉初简帛古籍，都是传抄本，还没有能证明是原稿本的。"①这实际上就是说,就我们目前所掌握的古书文本资料的品质而言,我们还不能有把握地说已经能够对古书成书最早阶段的情况做出准确而具体的判断。其实就是传抄本,在古人使用当时也还可能有性质上的区别。比如著名的郭店楚简中的《老子》,虽然有的学者将其看作就是《老子》早期的一个传本,但也有学者认为其只是早期《老子》的一种"摘抄"本,其时还应该有篇幅与今本相同的简本②;或者更进一步说"简本实际上是三组《老子》的摘抄本,其内容仅为《老子》的一部分,是郭店墓的主人生前在教学中使用的。"③总之还不能看作是一个具有严格"版本"意义的传本。但以郭店本与今本或汉代的马王堆帛书本《老子》相比较,前者与后二者无论在用字上还是在句序和句子结构上,乃至特定文句的有无上,都有显著和系统的区别,因此似乎也反映了《老子》文本发展过程中的某种阶段性的特征,故有学者也推断,为我们所知的今本《老子》文本的面貌应是在自郭店简本至马王堆帛书本之间的时期内逐渐形成确定的④。像这样的问题,无疑是很有深入研究的价值的。再比如在郭店楚简中有一组被整理者称为《语丛》的文献,其在当时使用上的性质也很值得研究。因为它们显然不像是某种内容上自成一体的"著作",其文字多为对各家著作的摘录,因此有学者认为其可能也是"教学所用的一种选编"⑤。由于《语丛》的内容有一些可以明显看出是引《论语》和《礼记·坊记》等传世古书的,所以这组简对于讨论《论语》《礼记》等古书的成书和流传问题是有说明意义的,而它们在使用性质上的特征就更具有特别的文献

---

① 李学勤:《新出简帛与学术史》,《简帛佚籍与学术史》,江西教育出版社2001年版,第5页。
② 裘锡圭:《郭店〈老子〉简初探》,《道家文化研究》(第十七辑),生活·读书·新知三联书店1999年版。
③ 李学勤:《论郭店简〈老子〉非〈老子〉本貌》,《中国古代文明研究》,华东师范大学出版社2005年版,第234页。
④ 宁镇疆:《〈老子〉"早期传本"结构及其流变研究》,学林出版社2006年版,第298页。
⑤ 李学勤:《〈语丛〉与〈论语〉》,《中国古代文明研究》,华东师范大学出版社2005年版,第223页。

学意义,说明了古书在形成和流传过程中可能产生的各种不同用途和性质文本的复杂情况,包括产生一些自用抄本的情况。提出新出土文献文本实物在使用上的不同性质这个问题本身是有意义的,因为古代不同使用性质的文献抄本,包括古人自用的抄本与作为古书在某一时期的传本的抄本,在解释古书形成与流传问题上的意义自然是不同的。正如以上已提到的,对于这方面的问题学术界已有注意和讨论,但我们目前似乎还很难明确地整理出区分不同使用性质的古书文本的规律,以及由这些情况所反映的古书成书过程中某些尚不为人所知的环节的真相,而这也会影响到我们对有关古书文本形成和流传真实过程的确认,和据此对相关史料的来源、真实性与价值等问题所作的判断。总之,在经过对大量出土的古代文献文本实物考察和研究的今天,中国古史研究者应当对古书成书和流传情况的复杂性有足够充分的意识。这种复杂性,由于客观条件的原因,应该说是超出《古史辨》时代学者们所能足够深入地了解和意识到的,因此在当时的工作中也是反映较少的,这当然会影响到当时对一系列相关问题探讨的方法的完整性乃至其结论的正确性。但是今天我们就必须正视这种复杂性,从而帮助我们去推进和完善由《古史辨》时代的学者所开始的寻求合乎近代科学理念要求的中国古史史料学基本概念的工作。

那么,关于古书成书和流传情况的研究,究竟将如何影响到古史史料学的基本概念呢?或者说,由于对古书成书和流传情况有了更具体、更确切,也更真实的了解,我们对正确运用古史史料的问题会有哪些新的认识呢?这当然是一个非常大的问题,不仅不可能在这样一篇小文中谈好,事实上我本人也根本不敢说对此已有充分的研究。但我很想在此谈一点非常初步的想法,冀为抛砖引玉,对于推动在这一问题上的深入思考应是有益的。

我认为,经过这些年古史界对于古书和古史史料方面问题的大量研究与探讨,我们在总结以往与史料学问题有关的研究之得失的基础上,在力求正确对待古书资料和希望形成成熟的古史史料学概念的方向上,似乎已经可以有如下的一些认识:

(1) 在没有确定已拥有完整证据的条件下,不要急于认定某部古书为"伪书"。我希望这一条能成为现代古史史料学概念中首先被确认的一条。这实际上也应该是近年来新出土古代文献研究的大量成果不断涌现后,最先使人们想到,也最易于令人们认可的一个问题。因为新出土文献尤其是新出土古书文本资料的大量发现和研究确实使我们看到,自传统疑古方法(包括《古史辨》方法)发展以来所论及的许多所谓"伪书"案例,其实是不能坐实的,有一些已经翻案。正如裘锡圭先生所说:"简帛古籍的出土,为一批被人视为伪书的先秦古籍恢复了名誉。"[1]这方面的例子很多,都已颇为人们所了解。比如在近代疑古思潮兴起后被很多人认为是汉以后人的伪作的《尉缭子》《晏子》《六韬》等书,由于银雀山汉墓中发现了这些古书中一些篇章的抄本,且内容与今本基本相合,因而最终被学者们认定应该是先秦的古书。又如《归藏》是传说中重要的方术书,古书中有称引,乃因原书早佚,历来多以为所引的应是伪书。而现在已在王家台秦墓中发现《归藏》残简,文字与古书所引基本相合,证明古书所引确是先秦古书[2]。诸如此类,可以说已不胜枚举。这种情况应该引起人们的思考。如果说以往对古书"辨伪"的工作有"过度"的问题,其根本原因就在于当时还很难全面了解和注意到古书成书与流传过程的复杂情况。因此,现在我们对判定某部古书为伪书的问题,理应慎重得多。由于我认为迄今还不能说我们已经完全掌握了古书成书与流传过程的所有细节和各种变

---

[1] 裘锡圭:《中国出土简帛古籍在文献学上的重要意义》,《中国出土古文献十讲》,复旦大学出版社2004年版,第86—87页。
[2] 裘锡圭:《中国出土简帛古籍在文献学上的重要意义》,《中国出土古文献十讲》,复旦大学出版社2004年版,第87页。

化,因此我曾经提出过在对古书辨伪时要注重发现反映辨伪行为的直接证据①。我这样说,并非主张若无此类证据,就可以把有关对象认定为真书;而是说在缺乏此类证据的情况下,应该避免轻易作出是伪书的结论。这是因为以往所作"辨伪"的正反两方面经验事实上已经告诉我们,获得包括正面反映辨伪行为的直接证据在内的多方面的、完整的证据,而不仅仅或主要是依靠文献内容上的所谓"内证"性的证据来下判断,是避免在判定古书真伪问题上再次出现错误的很重要的要求。我想可以把这样一个认识称之为关于论定古书真伪问题的证据的完整性的概念。用这个概念所要表达的意思就是:在你没有完全弄清楚证据是否完整之前,尤其是在没有取得与古书成书与流传情况有关的证据之前,在古书真伪问题上所下的任何结论都是可能错误的,因而也是不能最终论定的。应该相信,未来新出土文献研究的进一步发展不仅会帮助我们在认识什么是判定古书真伪问题的完整证据方面获得越来越多的知识,而且最终会导致形成越来越明确而合理的、针对这方面要求的关于证据完整性的概念。

（2）对有些古书的真伪问题可能要有比较复杂的认定。在对大量新出土古书资料研究之后,学者们已经感到,对于古书真伪问题本身,也必须有一个切合古书情况实际的认识。其中就包括认识到,对有些古书,简单地判定为"真"或"假"都可能是不确切的。正如李学勤先生所说:"对古书形成和传流的新认识,使我们知道,我国古代大多数典籍是很难用'真'、'伪'二字来判断的。"②例如裘先生曾就今本《文子》的问题表示:"通过跟八角廊竹书中的《文子》残简对照,发现今

---

① 谢维扬:《二十一世纪中国古史研究面对的主要问题》,《历史研究》2003年第1期。
② 李学勤:《对古书的反思》,《简帛佚籍与学术史》,江西教育出版社2001年版,第32页。

本《文子》……既不能简单地看作真书,也不能简单地看作抄袭而成的伪书。"①而李学勤先生则认为,八角廊简《文子》说明"今本《文子》的《道德篇》含有古本的内容,同时也证实今本大部分乃后人所补辑,并非古本的原貌"②。这实际上意味着,在处理古书作为古史史料的问题时,辨伪本身的意义也是有其局限性的。对有些有特定情况的个案而言,在满足史料学要求的目标上,对有关文本资料内涵的仔细比较与分析,可能比辨伪更重要。就这个问题的实质而言,我们还可以说,对于某些特定个案,即使已被正确认定为伪书,也不等于其在史料学概念上毫无价值。比如梅赜古文《尚书》是大家都知道早已由前人认定为伪书的一部文献,其有《大禹谟》一篇,而这篇在今文《尚书》中则阙如。现在可发现郭店楚简《成之闻之》中引用了《尚书·大禹谟》的话("余才宅天心"),只是这句话并不见于今传古文《尚书·大禹谟》。裘先生认为这是今传古文《尚书》是伪书的又一证据③。但从另一个角度看,这些情况又可以表明,今传古文《尚书》的《大禹谟》这个篇目还是有真实来源的。由此甚至可以进一步联系到如何看待今传古文《尚书》的真伪及其史料学地位的问题。李学勤先生在写于多年前的《竹简〈家语〉与汉魏孔氏家学》一文中,曾仔细考察了文献所载今传古文《尚书》自东汉"中晚期"即有流传,并与孔氏家族中人如孔安国、孔僖、孔季彦等的著作活动有关的情况,认为"从学术史的角度深入研究孔氏家学,也许是揭开《尚书》传流疑谜的一把钥匙"④。李先生指出,《尚书·尧典》正义引十八家《晋书》佚文,对晋代古文《尚书》在郑冲至梅

---

① 裘锡圭:《中国出土简帛古籍在文献学上的重要意义》,《中国出土古文献十讲》,复旦大学出版社 2004 年版,第 88 页。
② 李学勤:《考古新发现与中国学术史》,《中国古代文明研究》,华东师范大学出版社 2005 年版,第 402 页。
③ 裘锡圭:《中国古典学重建中应该注意的问题》,《中国出土古文献十讲》,复旦大学出版社 2004 年版,第 13 页。
④ 李学勤:《对古书的反思》,《简帛佚籍与学术史》,江西教育出版社 2001 年版,第 380—386 页。

赜数代学者中相传的事实是有清楚纪录的,同时也有许多证据表明"西晋皇甫谧已经看到了今传古文《尚书》和《孔传》",加之清代一些学者如吴光耀(作《古文尚书正辞》)等还指出了"今传本古文《尚书》的出现,比王肃的时期还要早"[1]。甚至《尚书孔传》的出现,李先生也经仔细考察后认为"是在魏晋间,不像很多学者所说是在东晋"[2]。这些情况,很显然是对长期以来有压倒影响的所谓梅赜伪造古文《尚书》的说法提出了严重质疑。这实际上表明,以往对所谓"伪古文《尚书》"问题的考证,多于对所谓"内证"的辩论,而疏于对学术史与文献学证据的全面整理与分析。当然,尽管这样,在不能完整解释由"内证"表明的疑点之前,今传古文《尚书》文本自身的真伪问题,仍不能认为可以简单翻案。上述郭店简引《大禹谟》文字而不见今本《大禹谟》的问题就是一个例子。对此,李先生也同裘先生一样,认为"这证明今本《大禹谟》确系汉以下人所编成"[3]。但是学术史和文献学上的证据所提出的问题如何同对于所谓"内证"问题的辨析相统一,这毕竟还是值得进一步研究的。在另一处,李先生就曾提出过:"清代学者批评今本古文《尚书》,其中有些问题也许就是出于整理的缘故。"[4]这或许预示着对今传古文《尚书》文本整体的真伪问题的认定最终并不是很简明的。总之,李先生的这些研究实际上是在古文《尚书》这样一个意义极其重大的个案上,提出了如何在更完整地反映古书成书与流传实际的方法的基础上来分析其所谓真伪问题的课题。对于围绕古文《尚书》的整个问题,当然还需要做更全面的研究。但现在应该可以知道,对这个问题的讨论将涉及比古人论定古文《尚书》为"伪书"时更多方面的情

---

[1] 李学勤:《对古书的反思》,《简帛佚籍与学术史》,江西教育出版社 2001 年版,第 384—385 页。
[2] 李学勤:《〈尚书孔传〉的出现时间》,《中国古代文明研究》,华东师范大学出版社 2005 年版,第 417—420 页。
[3] 李学勤:《考古新发现与中国学术史》,《中国古代文明研究》,华东师范大学出版社 2005 年版,第 402 页。
[4] 李学勤:《对古书的反思》,《简帛佚籍与学术史》,江西教育出版社 2001 年版,第 32 页。

况,而且可能会面对某种更为复杂的结论。在最终解决这个问题之前,我们现在也至少可以合理地提出从古史史料学角度应如何更恰当对待今传古文《尚书》的问题。原因就是古书真伪的问题并不是确定其史料学价值的全部和唯一依据。

(3) 由于古书在成书与流传过程中存在的种种复杂情况,对古书成书年代和作者问题的认定都要注意避免简单化,尤其是要充分考虑到古书流传过程中可能出现的后人附益、删选、修动等情况所带来的影响。这方面的经验和教训都很多。比如在银雀山汉墓出土的《孙子》简本《用间》篇内,有"燕之兴也,苏秦在齐"一句。裘先生认为这"显然是后学所增的",而"如果这一本子一直留传下来",有人"很可能就会以此来证明《孙子》的编成在苏秦之后"[1]。如果这样,关于《孙子》成书年代及作者等问题的看法就都要大变,但却是错误的。这个例子可以说明,古书资料内的许多因素都可能影响对其成书情况的判断,但有些因素的影响是有理的,而也有些因素的影响则是不应认可的,这其中的区别就需要研究者仔细分辨。

(4) 作为古史史料的古书内容,对其来源的分析和认定,不完全取决于对已知的有关古书成书年代等情况的认识,也就是说,要估计到古书中的有些特定的内容可能起源于更早的时期。这一点,对我们恰当地利用古书资料作为史料是很重要的。例如在关于禹的传说生成年代的问题上,过去顾颉刚先生就曾因为文献中对禹的记载最早出现在周穆王末年时的《尚书·吕刑》中,便认定"禹是西周中期起来的"[2]。但近年来发现的西周中期器豳公盨铭文中却长篇记述了禹的

---

[1] 裘锡圭:《中国出土简帛古籍在文献学上的重要意义》,《中国出土古文献十讲》,复旦大学出版社2004年版,第89页。
[2] 顾颉刚:《讨论古史答刘胡二先生》,《古史辨》第一册,上海古籍出版社1982年版,第133页。

古书成书和流传情况研究的进展与古史史料学概念

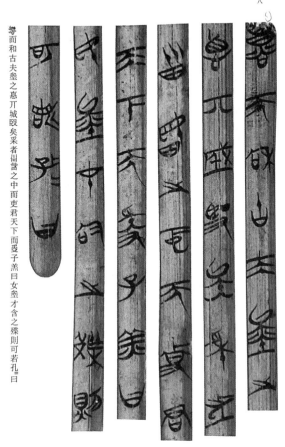

图3　上海博物馆藏
战国楚竹简《子羔》

子羔

事迹①。这显然表明,禹的传说的起源要远早于西周中期。裘先生甚至判断,西周中期时,禹的传说"已经是相当古老的被人们当作历史的一个传说了","不然,器主是决不会把禹的事写进一篇有明显教训意义的铭文"中的②。关于尧舜传说起源的问题也有类似的情况。在对

---

① 铭文释文参见李学勤:《论燹公盨及其重要意义》,《中国古代文明研究》,华东师范大学出版社2005年版,第126页。
② 裘锡圭:《新出土先秦文献与古史传说》,《中国出土古文献十讲》,复旦大学出版社2004年版,第22页。

· 29 ·

豳公盨铭文作分析时，裘先生认为禹被说成是"受天，即上帝之命来平治下界的水土的"，"在这样的传说里，根本不可能有作为禹之君的人间帝王尧、舜的地位"①。因此他同意顾先生关于尧、舜传说较禹的传说后起的观点。但是我们看到，在上博馆藏楚竹书《子羔》篇中，在孔子与子羔的对谈中，一方面孔子承认三代始祖禹、契、后稷为"天子"（天帝之子，指其有神性），另一方面又明确说到了禹、契、后稷均为舜之臣之情节（"舜，人子也，而叁天子事之"）②。可见，豳公盨关于禹受"天命"的记法，丝毫也不意味着在当时对禹的整个传说中不可能有关于舜和尧等人的地位以及禹同舜之间关系的内容，只不过在豳公盨铭文中确未包括这些内容罢了③。这个例子再次说明，对于古书内容来源的研究，需要非常细致、全面的考虑，而这对满足史料学的目标或许是最重要的。

（5）由于古书流传情况的极端复杂性，对于各宗古书资料内容之间的全部关系还有待更深入的研究，并应该认真结合这些研究的成果来进一步判断有关古书资料的史料学价值和地位。古书流传情况的复杂性是新出土文献文本实物给予人们的最深刻印象之一。在这个问题上，仅依靠传世的少数古书著录资料来研究，显然是非常不够的，不仅不敷应对大量于传世著录失记的案例，而且由于不掌握完整的资料，我们对于古代各种记述系统之间关系的认识也可能是不正确或不确切的。裘先生就曾指出过："马王堆帛书《周易》、双古堆竹书《诗经》、武威汉墓《仪礼》、八角廊竹书《论语》，都是我们所已知的各家之

---

① 裘锡圭：《新出土先秦文献与古史传说》，《中国出土古文献十讲》，复旦大学出版社2004年版，第22页。
② 参见马承源主编：《上海博物馆藏战国楚竹书（二）》，上海古籍出版社2002年版，第33—47、183—199页。
③ 顺便说一下，上古对于人王受"天命"治事的观念在早期文献对商周人物的描述中也非常多见，如《尚书·大诰》中就有"天休于宁王（指周文王），兴我小邦周，宁王（同前）惟卜用，克绥受兹命"的记法。这里只是反映了古代对周文王权力来源的一个说法，并不意味着周文王本人就真的是神性的，而他的权力也真的不具有人世的来历。

外的本子,可见当时经书传授的情况极为复杂。"①经书传授的情况如此,其他古书资料在流传上的情况也不例外。而从对今日自地下获得的大量古书文本实物利用的角度,我们还需要将具有不同品级"版本"意义和与不同记述系统相关的文本种类加以区分,因为正如前文已提到过的,在今天所掌握的各宗古书资料之间,还可能有传本、自用本以及通用本等性质上的差别,其"版本"意义以及相关的记述系统很可能也是不同的。这些情况都会影响对其作为史料的意义的把握。在这方面,对上博简中的重要一篇《容成氏》史料价值认定的问题就是一个很好的例子。《容成氏》的全部内容,现根据陈剑的拼合与编连,可以看出它非常有序地叙述了自远古开始的整个古史历程,并大体上可分作三段:一是尧以前;二是从尧至禹;三是禹以后②。这里的问题是,第一段与第二、三段叙述的内容显然有着不同的来源。以徐旭生先生在《中国古史的传说时代》中对古代古史系统问题的分析来看,第二和第三段所叙述的内容大体上应以所谓东方系统的"五帝说"为蓝本,而第一段所说则与此系统并无关系③。第一段中所叙述到的古帝王(包括原残缺而由学者合理补释的部分),有的与《庄子·胠箧》等古书中提到的相合,但《庄子》的这个古帝系统后来被采入源自《春秋纬》中的《命历序》的古史系统④。这些显然有着不同来源和生成路径,因而也就可能在资料本身的性质上有不同的内容,为什么和如何被一起而又有序地写入《容成氏》这一篇中,这是十分值得进一步研究的。再比如,在上博简《子羔》篇中,借孔子和子羔的口先后说到禹、契、后稷的故事,但其

---

① 裘锡圭:《中国出土简帛古籍在文献学上的重要意义》,《中国出土古文献十讲》,复旦大学出版社 2004 年版,第 90 页。
② 参见陈剑:《上博简〈容成氏〉的竹简拼合与编连问题小议》,见上海大学古代文明研究中心、清华大学思想文化研究所编:《上博馆藏战国楚竹书研究续编》,上海书店出版社 2004 年版,第 327—334 页。
③ 参见徐旭生:《中国古史的传说时代》,文物出版社 1985 年版,第 204—215 页。
④ 参见徐旭生:《中国古史的传说时代》,文物出版社 1985 年版,第 242—259 页。

中对禹的故事的记述按李学勤先生说是"不知所本",而契、后稷的故事"则本于《诗经》的《玄鸟》《长发》和《生民》而有所铺陈"①。裘锡圭先生则指出《子羔》中禹的故事的记述跟"汉以后书中的禹生神话很相近"②,所以与同篇中对契和后稷故事的记述也还是不属于同一记述系统。由此,我们应可注意到数量众多的古书资料和五花八门的古代记述系统之间的关系是何等复杂而不为我们所全盘知晓。对这方面问题的深入和严谨的研究,应该是关于古书成书与流传情况以及古史史料学基础研究的重要内容。《古史辨》时代,顾先生曾以异常坚定的信念和卓越的思想力提出了关于中国古代"层累地造成的古史"的学说。而这个学说实际上就是关于各宗古书资料以及各种古代记述系统之间关系的一种假说。从今天来看,整个问题应该远比所谓"层累说"所论及的情况要复杂得多,有些方面"层累说"提出的事实也还有不准确或不切实的地方。因此这方面的研究尚需继续深入开展下去,而这也许会最终帮助我们发现中国古史史料学中某些曾被忽视,而实际很重要的概念问题。

对中国古史研究而言,史料学问题似乎始终是它面对的一座高山。80年前,《古史辨》学者所开创的就是试图征服这座高山的路。今天我们仍需继续努力的,也还是要把这条路真正走通。在这方面,我认为建立健康的研究氛围,从而在具有不同见解的学者间开展有益的讨论乃至辩论,是十分重要的。我相信,在继承前辈学者宝贵学术遗产的基础上,在今日古史研究所拥有的新的良好条件下,我们将会一步步更接近于达成中国古史学者这一夙愿。

(原刊于《文史哲》2007年第2期)

---

① 李学勤:《楚简〈子羔〉研究》,上海大学古代文明研究中心、清华大学思想文化研究所编:《上博馆藏战国楚竹书研究续编》,上海书店出版社2004年版,第14页。
② 裘锡圭:《新出土先秦文献与古史传说》,《中国出土古文献十讲》,复旦大学出版社2004年版,第28页。

"层累说"与古史史料学合理概念的建立

一、古史研究现状所反映的古史史料学问题

中国古史的研究应该说迄今已有很大的成就,这自不待言。但从另一面说,它也始终面临一种比较尴尬的局面,即对于古史研究中许多很基本的问题目前还给不出确定的认识。比如说夏史可信性问题,虽然在国内,我们的教科书上都早已在讲夏朝是中国古代第一个王朝,但在国际学术界范围里面仍然是颇受质疑的。对于我们中国本土作古史的学者来讲,这是很刺激的一个问题。第二个可以举五帝时期传说的可信性问题为例。这个问题的不确定性更大,不仅在国际,就是在国内古史界至今也还是众说纷纭,殊无一致甚或相近之认识。从黄帝开始讲起的远古五帝时期的历史,在司马迁的《史记·五帝本纪》里面是与《商本纪》《周本纪》有相同地位的,也就是说马迁对这段传说的真实性还是有较积极的估计的。但在现代学者中,即使在中国学者中也有对这段传说时期的历史持极端质疑态度的,而比较多的学者可说是持一种有条件地引用的态度。当然还有一些学者认为这完全可以当作信史。这里的态度就很不一致,无确定认识可言。在此可特别注意一下国际学术界的情况。一般来讲,中国五帝时期的问题在大多数西方学者认识中,是把文献中关于中国这段较早时期历史的记述当作"史前"的问题来看待的。何谓"史前"? 在西方史学概念上,就是指还不够真正的历史的真实性条件的"历史"。英文"史前史"作 prehistory,这个词在字面上似乎只是指出"在历史之前"的意思,但实际上还带有更深的意味。因为西文的 history 是指具备足够真实性条件的合格的历史,由此它才具有可信的

价值,而且也是可以验证的。所以有时在英文中有 historically known 这样的表述①,就是指所述及之事是"已经见证过的"。而 prehistory 就是指未经见证过的,包括也没有可信的记录的。因此在西方概念中,prehistory 就不是 history,而中国的五帝时期在西方学者看来就属于这种性质。它是 prehistory,因此它不是历史。中国学者讲史前史没有这种强烈的感觉,可以把"史前史"也看作是"历史",但在西方学者中感受就很不一样,因此他们对五帝时期历史意义的认同有更大的障碍。

关于古史研究遇到的尴尬局面的第三个例子,我们还可以举先秦典籍中《大戴礼记·帝系》《五帝德》等具高综合性的古史记述资料的可信性问题。这两篇古代文献对于传说时期的人物和他们之间的世系的关系,以及他们的事迹,都有比较综合的、完整的、通盘的记述,是非常珍贵的资料。但对其可信性,学术界更是见仁见智,言人人殊,分歧之尖锐几少有及之者。这方面的研究和讨论当然非常重要,但旷日持久,对古史认识的积累是很大的牵制。

就传说时期历史的探索而言,上述尴尬局面的核心问题就是对于我们今天还能够看到的古史记述系统形成过程与相互之间关系的真实情况,现在还不能完全讲清。如果我们全面地看待古史界在近一个世纪来对于这些记述资料生成过程问题艰苦研究的全部成果,我们应该可以认识到,古代古史记述资料的生成是分布在不同的过程中的,就是它们并不是仅在一个来源当中生成的。基于这个认识,我们就可以通过对于这些不同的记述资料生成系统间关系的分析,来讨论它们所记载的素材的性质和价值问题。但是这也远不是学术界共同的认识。比如下面要讨论的"层累说"就不注重对古史记述资料生成中多

---

① 如参见 E. R. Service, *Origins of the State and Civilization*(〔美〕埃尔曼·塞维斯《国家与文明的起源》),New York: W. W. Norton & Company 1975 年版,第 12—15 页。

系统情况的认识，而强调一种单线的过程，由此对于有关记述资料的性质和价值的估计当然也就很不相同。在这种状况下讲中国传说时期历史自然很难有可基本确定的东西。

所以，我曾经说古史研究最尴尬的事就是它能够向公众或其他领域学者提供确定认识的东西少之又少。好多问题我们只能提供出处于两可之间的东西。所以现在讲古史，并不真正专业的人员可以有很多发挥，原因之一应就是古史界本身提供的确定的东西太少。但还是有一些小的变化值得注意。我曾经对美国学者夏含夷等主编的《剑桥中国上古史》写过一则很短的书评①，提到此书对于夏朝没有单立章，反映出它对于夏史可信性问题持怀疑和保留的态度。但我现在认为还应当注意到，在该书第一章"历史时期前夜的中国"中，有"神话，中国的起源，和夏朝"与"夏朝问题"两节，其中颇有值得注意的内容。该章作者是著名的美籍华裔考古学家张光直，在上述两节里面，他对于夏朝的存在是表明了有条件承认的立场，谓："现有证据表明确实有一个夏朝存在。司马迁之所以从众多同时代政治实体中挑选出夏（指写成《史记》的第一个王朝本纪），可能是因为在中国青铜时代或三代的最早期，夏是最强大的。如果二里头被确认与夏有关，这一说就可成立。"②这无疑是对夏史真实性问题非常正面的一个认识，也是与中国国内许多学者在此问题上非常接近或几乎相同的一个认识。而在传说时期历史的问题上，尤其是在涉及五帝的问题上，张先生的一些提法就更值得注意。例如他在讲到传说中颛顼"绝地天通"的故事时，指出许多中国学者"正确地将此段神话解释成象征着一个分层社会在以

---

① 谢维扬：《谁识庐山真面目？——〈剑桥中国上古史〉读后》，上海《文汇报》2000 年 4 月 7 日"学林"版。
② M. Loewe & E. L. Shaughnussy（〔英〕M. 鲁惟一、〔美〕E. L. 夏含夷）ed.，*The Cambridge History of Ancient China*，Cambridge University Press，1999，p.73.

古书形成研究与古史史料学问题

中国进入文明的方式兴起时的划时代的一步"。① 这无疑也是在很正面、很严肃地谈论五帝传说的意义和价值。与此相对比,我们可以看一下张先生在1983年在中国出版的《中国青铜时代》一书《商周神话之分类》一篇中的评论:"今天凡是有史学常识的人,都知道《帝系姓》《晋语》《五帝德》《五帝本纪》与《三皇本纪》等古籍所载的古史是靠不住的,从黄帝到大禹的帝系是伪史。"②这同他在《剑桥中国上古史》中的提法差了很多,可以说是有一种根本性的改变,似乎反映出国际学术界在不到二十年时间内在中国"史前史"问题上认识的变化。但《剑桥中国上古史》的写法是每章都有一个作者,文责自负,而全书对先秦每一主要时期都采取一种二元的叙述方法,即既有一章主要以文献为依据的叙述,同时也有一章以考古资料为主要依据的叙述,这是为了降低全书论述的可证伪度,而在这种情况下张先生的写法也就不等于《剑桥中国上古史》的认识了,所以上述所谓国际学术界认识上变化的程度应该也是有限的。但尽管如此,这也已经是有绝大意义的发展。只是对于古史研究长久以来呈现的那种尴尬状况,仍然并不能说有根本的摆脱。而对于上述问题,我们也很容易看出,造成古史研究上述状况的主要原因是在史料问题上。前文所说的夏史问题也好,五帝时期问题也好,均因史料之把握有分歧而不能达成共识。而《大戴礼记·帝系》问题和古史记述资料生成过程的认识问题,本身就是建立古史史料学之合理概念所必须厘清的。换言之,也就是由于整个古史研究未能圆满地解决对于史料运用方法的原则的问题,或者说没有能真正建立起因其合理而被公认的史料学概念,对于古史的诸多重要事实和相关问题无法给出确定的认识。因此对今日的古史学者而言,真正的挑战毋宁说还是在围绕古史史料学问题的研究中。我想这是为

---

① M. Loewe & E. L. Shaughnussy(〔英〕M. 鲁惟一、〔美〕E. L. 夏含夷) ed.,*The Cambridge History of Ancient China*,Cambridge University Press,1999,p.70.
② 张光直:《中国青铜时代》,生活·读书·新知三联书店1983年版,第251页。

推进中国古史研究所应有的一项重要认识。

二、对古史记述资料生成过程的研究是解决古史史料学重要问题的关键

突出地表明对中国古史研究中史料学问题重要性的认识,是从二十世纪二三十年代开始,由顾颉刚、钱玄同等先生所推动的"疑古"的研究的基本宗旨。《古史辨》的全部著述从根本上说正是为了要解决近代中国古史研究中史料学概念的原则的问题。当然"疑古派"学者工作的主要内容是将传世文献资料中他们认为不可信的部分指出来;相应地,传世文献中所表述的古史内容,他们认为是没有根据的,也将其挑出剔除。这是"疑古"的工作的主要指向。这部分工作的积极成果对于近代古史史料学概念的形成是有益的,但不是完成这项任务的基础的全部。

在《古史辨》工作得失的问题上,我们现在应当有这样的认识:顾先生等于二十世纪二三十年代所做的"疑古"的思考,无论其动因,或其研究的基础,都同当时人们可能有的关于古书问题的认识水平有关,尤其是同对于古书形成问题的认识有关。而在这一点上,我们现在知道,由于资料条件的局限,当时的人们还很难真正完整地了解真实的古书形成的过程,所以《古史辨》在涉及古书问题上所做的许多判断在许多环节上只能是属于推测性的,而由于不够警觉其中可能有方法上简单化的问题,其结论很容易有舛误。其实此问题在当年对于中国古书生成情况有深入追问的学者中是有感觉的。比如吕思勉即指出过:"近二十年来所谓疑古之风大盛,其实古书自有其读法,今之疑古者每援后世书籍之体例恣意古书,适见其卤莽灭裂耳。"[①]这一点,在

---

① 吕思勉:《先秦史》,上海古籍出版社 1982 年版,第 6 页。

二十世纪九十年代以后的讨论中,更是在对众多新出土资料研究的基础上以更准确的表述,更进一步地与对史料的认识相联系。如李零说:"疑古派对古史形成的复杂过程理解过于简单,以为其传述既出于年代较晚的古书,则必属后人造作,只能算'伪古史,真神话'。"[①]这实际上是说出自较晚古书里的素材作为一种记述的元素起源不一定也是很晚的。这很显然表现出对古书问题的认识将导致古史史料学上的某种概念。

谈到《古史辨》对古史史料问题思考的情况,我们很自然会评论到顾先生提出的"层累地造成的中国古史说",亦即"层累说"。对此,完全应当首先指出"层累说"在中国近代学术发展上的正面的意义,尤其是对于中国古史的研究而言。我认为"层累说"的历史功绩主要有二。一是它非常必要地指出了在古史记述资料中确实有"非法"生成的部分。所谓"非法"生成,就是指不是在真实的事实基础上形成的记述。现在我们可以看到有少数学者在对古史记述的认识上似乎走到另一个极端,即为与"疑古"的方法论争,将古代所有对于古史记述的资料当作字字确凿,这应该是滑得太远了些。主张对古人记述资料中"非法"生成部分的辨认,这是顾先生的历史性的功绩。因为传统史学中总体上是无此认识的。虽然自宋代起已有学者在局部就此类问题提出过质疑,但形成方法上较为深刻的认识,并试图构成近代以来古史研究方法的某种规范,这是顾先生等的"疑古"的研究所推动的。应该说有顾先生等的"疑古"的研究,才有中国古史研究的近代水准的要求。二是它通过少数个案成功地指出了,历史上特定时期(从已确认的个例看,主要是指古代较晚的时期)形成的某种古代文化—政治行为会导致生成对古代较早时期亦即所谓传说时期历史事实的"非法"记述。换言之,我们不应绝对否定在特定情况下,古人对古史的记述

[①] 李零:《李零自选集》,广西师范大学出版社1998年版,第24页。

资料中确有出于某种程度的编造甚或伪造的。但在上述两个问题上"层累说"的主张都需要有补充：首先，应同等重视古史记述资料中"有理"生成部分之具有不同特征的存在；其次，对当代研究重要的是在上述两个问题上都应对需确认的案例寻找充分的证据；最后，实际上应当认识到，就已知的全部古史记述资料的情况而言，在先秦时期发生的可用"层累说"完满解释的古史记述生成过程脚本可能是很少的。就这一点，钱穆先生的《刘向歆父子年谱》应可作为一个例证说明某些问题。因为钱文实际上是验证了刘氏父子有否可能在文献问题上作伪，而结论是不可能。这说明"层累说"并不构成看待古史记述资料意义问题的完整工具。

从中国古史研究史料学概念建设的角度看，"层累说"最重要的意义是表明了对古史记述资料的生成过程的认识是构建可靠的古史史料学概念的关键。"层累地造成的中国古史"说，由于主张古代存在过一个对古史记述资料系统造伪或编造的过程，所以它实际上是一个关于中国古代古史记述资料生成过程的理论。顾先生对于古史记述资料生成过程的这种关注，以及将其作为解决古史史料学问题的核心与关键，我认为是不错的。问题是顾先生在"层累地造成的中国古史"这个假说下，所提出的古史记述资料的生成过程是否如实。现在看来，"层累说"有较为简单化的方面，从而可以说虽然"层累说"在学术史上是有历史性贡献的，但其本身对于复原古史记述资料生成原理这个任务并没有真正完成。从目前学术界所掌握的诸多新资料的情况看，"层累说"的基本逻辑可能是不成立的。古史记述资料生成的真实过程可能并不如"层累说"主张的那么简明。现在很多研究对于《古史辨》在古书和古史问题研究中的具体得失分别作出评判，但是更应当注意的是，在"疑古"的研究的问题上，对"层累地造成的古史"说的整体认识，也就是对"层累说"对于古史记述资料生成过程的解释合理与否的认识，是影响整个古史研究之方向及其要求是否正确的关键。这

图 4 （法）克洛德·莱维-斯特劳斯（Claude Lévi-Strauss）著，谢维扬、俞宣孟译《结构人类学》

恐怕是中国古史研究在史料学原理的建设上继二十世纪《古史辨》的重要工作后将其推向更深层次的必有的一个认识,我想应引起古史学者的关注。

三、"层累说"在解释古史记述资料生成过程中的问题

那么,为什么说"层累地造成的中国古史说"不是一个解释古史记述资料生成过程的成熟的、真正正确的理论呢?我想从如下六个方面来说明:

(一)"层累说"在方法上实际上可看成是将源自西方的神话学方法用于中国古代资料问题的一种实验性研究,而类似的神话学研究成果很少有能圆满推及中国个例的情况或可能。于此,我们可以提到二十世纪六十年代以前风靡一时的法国著名人类学家克洛德·莱维-斯特劳斯(Claude Lévi-Strauss)的名著《结构人类学》[①],该书的基本理论是主张所有人类思维的深层结构是普同的(universal),有普遍的共同性。于是它通过对希腊神话素材的分析来展现出这样一种关系:林林总总的众多希腊神话故事均可归结为以两个特定"母题"间的对立、转换关系为基础而演变出来的同一故事的不同"版本"。二十世纪约七十年代美国汉学家艾兰发表以中国古代传说时期资料为论题的力作《世袭与禅让》,便有意识地借用列维·斯特劳斯的结构人类学在神话分析中使用的这种方法来解释整个中国先秦时期古代传说资料生成的原理[②]。她提出的构成古代中国传说资料生成基础的两个母题就是"世袭"与"传贤"间的对立与转换。这些研究在神话学目标上是有

---

① 〔法〕莱维-斯特劳斯:《结构人类学》,谢维扬、俞宣孟译,上海译文出版社1995年版。
② 〔美〕S.艾兰:《世袭与禅让》,孙心菲译,北京大学出版社2003年版。笔者对该书的评论见:《传说、结构主义与历史——S.艾兰〈世袭与传贤〉读后》,《时代与思潮》第5辑,学林出版社1991年版。

其价值的。但应注意这样一点：艾兰的研究是提出了对现有古史记述资料中故事元素之间的一种逻辑的关系的有价值的认识，但这不完全或不自动等同于对有关故事元素实际发生过程的真实再现。也就是说，她所讲的因故事中逻辑因子的转换而形成不同故事"版本"的过程是对古史的故事元素自身作为概念而运动的一个表述，不等于对这些记述本身作为一个历史事实在真实的历史过程中发生的过程，这是两回事情。顾先生的"层累说"，我认为它在方法上也在相当程度上表现出类同于此。因为"层累说"也首先从原始记述资料中抽出"故事元素"，然后几乎是孤立地、单纯地看待、分析作为概念的"故事元素"的运动，并从"故事元素"自身的运动中体会出一种似乎是"层累地叠加"的这样一种过程。但这离开对真实发生的古史记述资料的生成过程的认知应该还是有相当距离的，在考虑古史史料学原则的要求上，是不能将两者等同起来的，因为两者意义是不一样的。从根本上说，《古史辨》对古代古史记述资料性质的看法偏于看作"神话"（这一点，只要看顾先生1958年日记中录童书业先生的话说："《古史辨》有成绩四：一、将古代神话与史实分开……"[①]就可以有体会），是造成其所有研究的基本方法均有浓厚"神话学"色彩的原因。但简单地、无保留地将中国古史记述资料问题归于"神话学"是有风险的，这个风险即在于这些被研究的古史记述资料其实不完全是神话，而且神话学的宗旨也无法满足古史史料学建设的要求。因此无保留地、简单地、夸张地应用神话学方法处理中国古代古史记述资料生成过程的问题，会泯灭古史学本身的追求。我们可以说顾先生在"层累说"中体现的类似神话学的方法自有其意义，但说成是古史研究中关乎合理的史料学概念的某种结论则还缺乏充分的理据。

（二）"层累说"的结论与今可知之古史传说资料发生情况的实际

---

① 顾颉刚：《顾颉刚日记》，第8卷，台北联经出版公司2007年版，第364页。

关系不符,所概括的资料严重不全。"层累说"为了证成其假说,在讨论中是曾将对其不利的一些事实剔除不论的。在早年只能以文献论文献的方法下,对其弊端殊难辨清。但现在有出土的资料,为我们看清某些问题创造了条件。例如上博简中的《容成氏》,因可确认为战国中期简,有比较确切的生成年代,而其内容上引起我们注意的则是它除了包含有在《左》《国》等先秦文献乃至《帝系》《五帝德》这类"高综合性"文献中均有部分表述的古史记述内容外,还包括有另外不同系统的古史记述内容。那就是在该篇所记尧以前有完整名称的八位和据《庄子·胠箧》《太平御览》《资治通鉴外纪》《路史》引《六韬》佚文等补足的另外十三位较少见到的古帝王①。这很长一段在尧之前的古帝王序列总体以前只见于传世文献《庄子·胠箧》,故向少有人论及。但很显然这是属于一个就素材所涉年代而言远比黄帝传说还要久远的远古人王相续更替的传说,只是出于不同于常见记述的另外的记述系统而已。也就是说,在《容成氏》里,我们看到了明显是出于不同记述系统的古史素材的存在,而且是有较确切的存在年代的。对于这种情况,"层累说"会遇到极大的解释上的困难。因为如果可以把《容成氏》形成的年代看成要早于《五帝德》,那么依照"层累说"的逻辑,《五帝德》所记述的远古帝王世系的内容应多于、前于《容成氏》,但实际情况却恰好相反;《容成氏》所记述的古史内容所涉年代比较《五帝德》明显要早得多,元素也多得多。而如果因此反过来将《五帝德》年代提早,那么《五帝德》所记述的古帝王系就必须被认为出现较早,这又与"层累说"的主张不相容,因为在"层累说"逻辑中,《五帝德》之类高综合性记述资料只能是最晚起的。甚至于即使如林沄先生推测的那样

---

① 所说补足意见由李零、廖名春提出,详见陈丽桂:《谈〈容成氏〉的列简错置问题》,上海大学古代文明研究中心、清华大学思想文化研究所编:《上博馆藏战国楚竹书研究续编》,上海书店出版社2004年版,第335页。

有可能二者是"同时存在"的①,那对于"层累说"也不能满足和接受,因为既然同时存在的《容成氏》记述的内容已超过了《五帝德》《帝系》,就不再能将它们的记述完全说成是对已有记述不断叠加的结果。这些问题应该说反映出"层累说"思考中粗糙的地方,而且这看起来好像只是一个逻辑的问题,实际上却同"层累说"对于古史记述资料形成过程的实际并未真正了解和掌握有关。

另有两件新出土资料对讨论"层累说"也十分重要。一是豳公盨。其虽非经科学发掘所得,但无理由以其为伪器,应是属于西周中期的一件有重要证据价值的器物。它大段记述了禹的故事。这在青铜器铭文中非常少见。它对讨论"层累说"问题的意义就是打破了顾先生早年提出的禹是中国传说时代故事最早元素的假说。顾先生当年认为,传说中早于禹的元素就属于后来叠加上去的,而禹作为一个传说故事元素的发生不会早过西周中期。这是因为他看到记述禹的《诗经》中的材料只能认为是东周的东西,加上酝酿期故上推至西周中期。而现在看到豳公盨本身为西周中期器,所以裘锡圭先生就很鲜明地提出这非常清楚地表明禹的元素的产生要比西周中期早得多,他认为在西周禹已经是个古老的故事了②。豳公盨关于禹事迹的记述第一次以确凿证据表明中国古代古史记述内容的生成绝不是从周代才开始的。二是《子羔》篇,作为新获的上博简的材料,其重要性在于它讲到了舜与禹、契、稷这三位三代王朝先祖的关系。其中值得注意的是它明确讲禹、契、稷均做过舜的臣子,但禹、契、稷又皆为"天之子",也就是感生的。对于这个情节,有分析认为《子羔》篇的记述还不能表明禹、契、稷与其前辈元素即舜之间关系的真实性。因为他们倾向于把《子羔》

---

① 林沄:《真该走出疑古时代吗?——对当前中国古典学取向的看法》,《林沄学术文集(二)》,科学出版社2008年版,第284页。
② 裘锡圭:《新出土先秦文献与古史传说》,《中国出土古文献十讲》,复旦大学出版社2004年版,第22页。

篇的记法理解成将上述这些先王说成是无父之人。但这一读法可商。我们只需提这样一点，即《子羔》篇关于禹、契、稷等感生的记述与《诗经·商颂·玄鸟》说"天命玄鸟，降而生商"，在记述内容上也有感生情节似乎没有什么不同。但毛《传》的解释却是以契因玄鸟而生与述其有父为高辛氏不相抵牾的。在《楚辞·天问》中也是说："简狄在台，喾何宜？玄鸟致贻，女何喜？"王逸注："简狄，帝喾之妃也。"可见《天问》虽也说到"玄鸟生商"故事，但仍提到作为简狄之夫的喾，而且明言喾为商之先祖。所以在古人意识中，感生与以某为父是不相排斥的。如此，《子羔》篇还是可以说明古史记述中禹以前的元素包括舜、鲧、帝喾甚至颛顼等的生成都有可能并不是非常晚的。这对"层累说"当然也是有挑战的。顾先生时代因为无从得见这些资料，应该是导致"层累说"对此类事实作过低估计的原因①。

（三）对多系统古史记述系统的存在无解释。前文已说到，中国早期对传说时期古史的记述应有不同的系统存在，其真正的面貌非常复杂，对这一情况，顾先生构想"层累说"时是失之过于简单了。从上世纪三十年代以来，其实有不少研究指出过这一点。例如徐旭生在《中国古史的传说时代》中曾将古代古史记述系统分为三个，即"三皇系统"（以《易传》的有关表述为标本）、"《命历序》系统"和"五帝系统"。李学勤先生在《古史、考古学与炎黄二帝》一文中提出过两个系统：以黄帝元素为代表的"中原系统"和以炎帝元素为代表的"南方系统"。李零在《考古发现与神话传说》一文中也提出过古代对于传说中古帝记述的两大系统，即"《世本》和《大戴礼》等书的周五帝系统"，和"《史记·封禅书》《吕氏春秋·十二纪》与《淮南子·天文》等书的秦五帝系统"，另外还提到有一个见于《易·系辞上》《战国策·赵二》的含伏羲、

---

① 关于上述三件出土资料的讨论，可参看谢维扬：《从豳公盨、〈子羔篇〉和〈容成氏〉看古史记述资料生成的真实过程》，《上海文博》2009年第3期。

神农的系统①。当然这些研究所阐述的这些系统与本文所提出的古史记述系统在性质和意义上不尽相同,但足以说明古史记述上多系统的事实是存在的。实际上,诸如《山海经》《华阳国志》,乃至《竹书纪年》等文献中的某些古史记述资料在发生上非常有可能也是出于某些与前述所不同的系统的。甚至我们还可以从这个角度来看待甲骨文对商朝王室先祖的记述。王国维在《殷卜辞中所见先公先王考》中对于"高祖夒""王亥"的成功释读,实际上表明古代对所涉年代甚早(不晚于禹)的古史元素(如最早的几个商先公)的记述远非至西周以后才有,商代应该就已经有了,但商代甲骨文的记述显然又是属于某种未知其关系的记述系统的②。当然,由此我们也在此可以认识到,就真实存在的古史记述素材出现的顺序而言,很可能完全不像是顾先生推断的那样,禹是最早出现的元素,而早于禹的故事便只能是"层累"的结果。对于古代古史记述系统的完整和确切认识还有待于更深入的研究,但其重要性是显而易见的。古史记述存在多系统的问题在"层累说"逻辑下面是不应有的,所以顾先生几乎完全不讲这一点。这只能说是"层累说"思考上的缺陷。

(四) 部分传说资料可知有较早事实来源而不合"层累说"定律。在传说资料中一些故事元素来源的问题上,"层累说"的考察也并不全

---

① 分别参见徐旭生:《中国古史的传说时代》,文物出版社1985年版,第220—250页;李学勤:《走出疑古时代(修订本)》,辽宁大学出版社1997年版,第41—44页;李零:《李零自选集》,广西师范大学出版社1998年版,第71页。

② 王国维于卜辞中读出"高祖夒",并谓此"夒必为殷先祖之最显赫者,以声类求之,盖即帝喾也"(王国维:《观堂集林·卷第九》,中华书局1959年版,第409—450页),学者中颇有呼应。如于省吾说几同,谓:"这个字以读夒较为合理,《说文》作𡥉,字形像以手掩面而哭,帝喾之喾,与𡥉也同音"(于省吾主编:《甲骨文字诂林》,中华书局1996年版,第1499页)。今按,据朱骏声《说文通训定声》,𡥉与喾均为孚部字(《说文通训定声》,武汉市古籍书店1983年版,第264、283页),是为音近。王辉《古文字通假字典》乃以𡥉为幽母影纽字,喾则为觉母溪纽字,"幽觉阴入对转",亦为音近字(《古文字通假字典》,中华书局2008年版,第179、214页)。高亨等《古字通假会典》亦以二字均为幽部字(《古字通假会典》,齐鲁书社1989年版,第712、726页)。至二字通假的例证目前尚未检出。但在《玉篇》和《经典释文》中有以从"夒"字假为《尚书》《礼记》中从"憂"字的用法(同上,第713页),值得注意。联系文献的各项记载,王国维以卜辞中之"夒"为喾的读法,虽还缺乏完整证据,但有支持的部分理由,也是各说中最值得重视的。

面。有些元素的来源问题被其看得过于简单了。我数年前曾有一篇小文试图就古代记述资料中"黄帝"究竟是具"神性"还是"人性"的元素问题做一些分析①。文中提到杨宽先生在其《上古史导论》(收《古史辨》第七册)一文中提出文献中所谓"黄帝"均不过是"皇帝"之通假的观点,但经我的检视,发现杨先生这一讲法不成立。因此试图从"黄帝"应读为"皇帝"这一角度论定其仅具"神性"而已,似并不能成功。拙文进一步试就"帝"的原始意义的问题做了初步的探讨。我指出:甲骨文中有帝"令风""令雨""令雷""令蕫",以及对商王和商王国"受又""受年""终兹邑"的记述,似乎应是表明"帝"是有神性的;但我们在甲骨文同样也可以看到其记述商先公、先王对商王国"受又""受年"等情节,而对这些已知的商先王、先公如何以"神性"来形容之呢?可见,帝的"神性"的作为并不直接表明其来源只能是神话学范畴内的。从方法上说,如果我们能从另外方向上证明帝在发生上同甲骨文早期的殷的先公、先王同是属于人性范畴的概念,那么有关帝的神性资料就肯定不主要表明黄帝元素在发生上的神话学的来源,而有可能逼近寻找出其历史性的来源。在这方面拙文提请注意到如下一些情况,即陈梦家先生在《殷墟卜辞综述》中,曾提到卜辞中有"帝五工臣""帝五臣正"的记法②,与《左传·昭公十七年》中所讲郯子一段"有关"③。也就是《左传》所述少皞氏职官中有与甲骨文记述相近似者(指少昊庭臣中的"五雉为五工正"之类)。陈著实际上是委婉地指出,如此帝的来源可能跟较早时期传说所据的事实有关。而黄帝元素在《左传》所记郯子言论中亦存在(谓"昔者黄帝氏以云纪"等),除非证明此黄帝元素是被非法植入的,那么它也会降低黄帝元素来源的神性判断的合理性。

---

① 参看谢维扬:《关于黄帝传说的"神性"与"人性"问题》,吕绍纲编:《金景芳九五诞辰纪念文集》,吉林文史出版社1996年版。
② 中国社会科学院历史研究所编:《甲骨文合集》,中华书局1982年版,第30391片:"王有岁于帝五臣正,惟无雨。"第34148片:"……于帝五玉(工)臣血……在祖乙宗卜。"
③ 陈梦家:《殷墟卜辞综述》,中华书局1988年版,第562—580页。

拙文还探讨了甲骨文记述所表现的帝可能有的人性来源的问题。所有这些当然更突破了"层累说"原考察问题的范围,但对古代记述问题真谛的了解很可能就出自对这些范围内的问题的研究。

（五）对古代实用性文字资料中出现的古史内容之意义无深入分析。对于古代的各种形式的古史记述资料,我以为对其中见于古代"实用性"文字的记述资料的意义应特别看待。实用性文字不是书,也可以说不是真正的"文献",更不是著述,它们仅仅是当作在特定的古代生活的规范要求下制作和形成的一种文字类工具和材料被使用并存留下来。其意义不完全等同于古书中的记述。比如战国器陈侯因咨敦铭文中提到黄帝,对此学术界很早就已了解,但如何看待其意义尚未有确定的认识。这宗资料即是实用性文字资料,应是当时因贵族实际礼仪生活的需要而制作的,受贵族全体服膺之礼制规范的制约。这类文字做成的动机和条件都与诸子百家著说类资料有重大区别。我倾向于要更严肃地看待这种实用性文字资料的内容。这些年来这一类保存古史内容的实用性记述资料越渐多出。如郲公力钟铭文中提到陆终；包山简、望山简均提到老童、祝融；新蔡简有颛顼、祝融、老童；秦公编磬中有高阳（一般以即颛顼）。所提及的这些古史元素多属传说时期楚人的先祖,与文献所记是吻合的。其中包山简是祭祀材料,同所有这些属于古代实用性材料的记述一样,如果要论定其出于冒作或在"层累造成"的路线上编造的,应有更全面、深入的说明。前文说过,"层累说"对主要在较晚时期中发生的少量文献造假或编造事例有过成功论定,但对上述较早时期的、特别是属于古代实用性质的古史记述资料的价值的了解恐不应简单令入其列。原因就是这些文字的作成主要不是为表现作成人的意念,而是表现作成人所接受的规范的要求,尤其在先秦时期恐怕是这样。"层累说"对这类资料在讨论上的意义没有论及,实际上是与诸子等文献中的记述资料的意义一律看待的,这应该是导致其理据不完整的一个原因。

（六）对大量非系统古史记述资料中可呼应之内容的存在无合理解释。在先秦除《诗》《书》以外的众多文献中也保存有各种形式和内容的古史记述资料，也自有其不同的价值。而其中有许多是可以互相印证和呼应的。因此正当的对待是对其来源及相互关系等作通盘的研究。但是"层累说"明显轻视上述资料的地位。顾先生的《中国上古史研究讲义》是其对"层累说"具体和完整应用的一个标本性研究成果。我们可以看到，该书对于凡由《左》《国》等文献记述的、有密集敏感情节的传说内容均用"力写"这一评语竭力削弱或取消其中可能有的正面意义。比如《国语》中对虞夏商周四代王室先祖祀典的记述，在顾说中便是不值一提，显然是认为其记述的特征太"综合"了。但应该注意到，《国语》对传说资料的记述，从全篇来看，其实是并不完全自洽的①。所以不一定要循造假的思路去解释上述资料的存在。王国维曾经说："《史记》所述商一代世系，以卜辞证之，虽不免小有舛驳而大致不误。可知《史记》所据之《世本》全是实录。而由殷周世系之确实，因之推想夏后氏世系之确实，此又当然之事也。又虽谬悠缘饰之书如《山海经》《楚辞·天问》，成于后世之书如《晏子春秋》《墨子》《吕氏春秋》，晚出之书如《竹书纪年》，其所言古事亦有一部分之确实性。然则经典所记上古之事，今日虽有未得二重证明者，固未可以完全抹杀也。"②王国维这个体会实际上是对各种非系统的古史记述资料中相互有呼应之内容的价值的肯定，是值得重视的。早年的傅斯年是以注重史料学水准著称的，而我们却恰好可以看到，其在1937年时说过《鲁语》记"商人禘喾而祖契"是"已有若干部分直接证明了的"，并由此连带议论到《世本》《史记》"以为殷周同祖帝喾"，"也可引来张目了"③。这从一个侧面说明"层累说"对大量非系统性古史记述资料价值的轻

---

① 详见谢维扬：《徐中舒先生读古史方法的一些启示》，《四川大学学报》2009年第4期。
② 王国维：《古史新证》，清华大学出版社1994年版，第52—53页。
③ 傅斯年：《性命古训辨证》，广西师范大学出版社2006年版，第74—75页。

视同在史料问题上主张贯彻严格标准并不是一回事。我认为缺乏对这一类资料认真研究的动力和热情,是"层累说"始终无力反观自身方法之弊的又一原因。

由以上讨论可知,"层累说"的局限性归根结底是因为其并未能完全占有资料所致。这可说不完全是顾先生等"疑古"的学者的错,因为在他们提出其理论的二十世纪二三十年代,我们今天所讨论的很多重要资料他们还无从寓目。而在对类似古史记述资料这样的问题做研究时,如果证据不完整将等于没有证据,这可以说是一种很严酷的证据不利理论的体现。当然,顾先生自身的原因也是看得见的,比如王国维所写《殷卜辞中所见先公先王考》的价值如此明显,而顾先生对此竟毫无反应,这也许就不完全是时代的原因了。

对于中国古史研究未来发展的基础而言,在古史史料的问题上,我们必须看到的现状就是:我们今天还不能完整了解古史记述内容的全部;我们还不十分清楚各种记述资料各自发生的真实情况;我们更不了解各种记述资料形成传世的和其他的文献文本中内容的过程。在这种情况下,要得出"层累说"或其他类似的完全确定的宏大结论确为时尚早。所以我感到为推进古史研究,目前最可取的态度是:1. 向新事实掘进;2. 对古代资料整体作"环保";3. 发展古史史料学新规范(吸收前此所有有理之成果);4. 所有工作的基础向可能有的新资料开放;5. 将古史研究的要求由早近代的标准提向更高(以对资料的完整占有为标志)。

(原刊于《社会科学》2010 年第 11 期)

二十一世纪中国古史研究面对的主要问题

一、古史研究需要有突破性的进展

中国早期历史的研究对于说明整个中国历史进程的重要性,在一般的意义上,当然首先是指中国早期的发展对于以后数千年间中国历史的内容有着十分强大的规定作用。因此在古史研究范围内对中国早期历史所作的描绘与解释,其说明力得伸展到中国历史的各个时期,乃至中国的近代与现代,并具有很强的思想性,对与中国问题有关的各个学科有着强烈的吸引力,是中国历史研究中与公众对于中国问题的一般思考具有最密切关系的领域之一。但从另一个角度说,中国古史研究对于说明整个中国历史进程之所以有特别的重要性,也恰恰是因为对于这段重要时期历史的研究,迄今还没有能够在一系列主要和重要问题上建立起公认的解释的基础。也就是说,虽然古史研究已经为人们了解和说明中国历史的进程提供了大量有价值的关于具体事实的基础性结论,然而在一些更具全局性的、至关重要的、最基本的问题上,古史研究却还远没有得出完整的、确定的结论。

比如,举一个最初级、最显见的例子:中国古代可靠的历史应该从何时写起?这个问题就还没有真正得到解决。1999 年美国出版由当代西方最主要汉学家联手完成的《剑桥中国上古史》(*The Cambridge History of Ancient China*)[①],全书不设"夏朝"一章,表明该书整体对于中国早期可信历史可确认的绝对年代较之中国学者所

[①] M. Loewe & E. L. Shaughnessy ed., *The Cambridge History of Ancient China*, Cambridge University Press, 1999.

图 5　苏秉琦著《中国文明起源新探》

认同的要晚得多①,这应该说是在对中国早期历史进程认识上的一个意义十分重大的分歧。对于商周历史的性质,学者中一些带根本性质的分歧也还依然存在。仍以《剑桥中国上古史》为例,其对于"商朝"历史的理解即同国内学者的一般认识有很大差异,即它在很大程度上只承认"商朝"是同时代众多小地域政体中的一个(因而它时不时称"商朝"为"安阳王朝",称商王为"安阳王"②),也就是并不把它看成是具有中央权力性质的政权,而周克商的历史也不是中央王朝的更迭,这就使它对商周历史进程总框架的处理与国内大多数学者的认识大异其趣。

在国内研究中,古史研究在重要问题上的不确定状态也很明显。例如对中国自新石器时期以来至秦统一以前历史进程的阶段性特征的认识,在国内学术界也还是言人人殊,并没有统一的结论。除了以往已经提出的各种意见外,近年来随着对中国文明起源和早期国家问题研究的深入展开,一些新的解释性框架理论又见纷纷提出,如苏秉琦先生在二十世纪九十年代末提出的著名的"三部曲与三模式"说③等。而所有这些距成为公认的结论还有一定距离。在对中国早期社会性质这个重大问题的研究方面,这种不确定状态尤其突出,影响也更大。古史界自半个多世纪以前就有众多研究致力于探讨商周社会的性质问题,以及连带地探讨商周社会向秦汉以后社会形态转变的机理问题等等。各种假说层出不穷,不少问题应该说也得到比较深入的

---

① 作为一部由14位著名汉学家分章撰写构成的大型作品,《剑桥中国上古史》并非在所有问题上均反映其作者的一致意见。在对待夏朝历史的问题上,张光直先生便在其撰写的《历史时期前夜的中国》一章中写了《夏朝问题》以及相关的《神话、中国的起源与夏朝》两节(在《神话、中国的起源与夏朝》这一节中实际上并没有写到夏朝历史的内容)。从张先生的论述来看,其对于夏朝历史的存在是审慎地肯定的,但这显然不代表《剑桥中国上古史》全书整体的立场。张先生所写这两节的总篇幅不超过8页,与全书1148页的篇幅比较其分量和地位可谓微哉,这应该说反映了全书整体在夏朝历史问题上明确怀疑的立场。(见该书第65—73页)关于对《剑桥中国上古史》问题的较完整的看法,我曾写有小文《谁识庐山真面目?——〈剑桥中国上古史〉读后》(《文汇报》2001年4月21日),读者可参看。
② *The Cambridge History of Ancient China*,第158页。
③ 苏秉琦:《中国文明起源新探》,生活・读书・新知三联书店1999年版。

研究和讨论。然而就其成果而言，这方面研究的进展是很有限的，因为时至今日，就是在这样一个事关全局的重大问题上，古史研究实际上也还仍然没有能为人们提供任何比过去的研究更为确定和完整的结论。

因此，如果我们说，在中国上古史的许多基本问题上，目前古史界所能告诉人们的在很大程度上尚属"见仁见智"之说，恐怕并不为过。这说明了要恰当地完成为说明整个中国历史进程提供基础性成果的任务，古史研究在一些重要的和基本的问题上必须要有突破性的进展。

中国古史研究从近代以来经过了研究范式（paradigm）①上的若干大的变化。自现在来看，其每一次都同如何达成使古史研究成为解释中国历史进程的科学依据这个目标有关。例如我们首先可以提到的二十世纪二十年代出现的所谓"疑古"运动。从某种意义上说，它应该是古史学由传统方法向近代科学性规范改造的第一轮重要的研究范式上的变化事项。就其动机或其全部工作的内容而言，古史研究中这一运动的实质是解决作为近代水准的中国古史学的史料学基本概念问题。但很显然，虽然"疑古"运动极大地影响了当时的古史学者，而且在以后数十年中"疑古"方法对古史研究实践的影响亦极为深远，然而"疑古"并非是近代中国古史学起步时期学者关于史料学基本概念思考的唯一方向。就在同时期的研究中，由王国维提出的对于中国早期文献资料的价值和性质有不同估计的"二重证据法"概念，代表了对

---

① 我在这里使用"范式"这个概念，指的是在某个特定时期中形成的与对某种特定方法的认定有关的特定问题的组合。在这个意义上，"范式"的概念对于我们认识学术史上一些带全局性的问题是有价值的。本文无意涉及对于"范式"这个概念在哲学上的诸多讨论，但本文的用法同有些人类学家的理解是接近的。如美国人类学家乔治·E.马尔库斯和米凯尔·M.J.费彻尔认为"按照其现行习惯用法"，"范式"的意思是"用它来表示由某一研究计划回答的一组业已确立的问题"（《作为文化批评的人类学》，王铭铭等译，生活·读书·新知三联书店1998年版，第230页）。我在这里则把"某一研究计划"扩大为由某种方法上的理解联系起来的一个时期中的研究实践的整体。

于正当的古史史料学基本概念另一种思考方向。这种方向上的方法论思考在近代古史学方法的建设中也有十分重要的影响。但是从二十世纪二十年代以来,由研究范式最初的变化带来的关于古史史料学的这些非常有益的探讨大部分没有得出最终结果,研究者自身对于这些讨论真正的意义也并没有完全理解,因此这一研究范式的变化就其目标而言并没有真正完成。

自郭沫若先生自二十世纪三十年代起发表一系列关于中国古史的论著以来,在马克思主义理论指导下进行研究的中国学者实际上促成了中国古史研究范式的又一次变化。这个变化对于中国古史研究进展的意义也许不是一两句话所能说清,但其中的两个重要特征是值得提到的:(1)它促进了对于古史研究中解释性工作的重视,例如对古代社会性质和早期历史进程中规律性问题的讨论等等;(2)开始对古史的解释性工作中运用现代理论和现代概念,并由此扩及对中国古史在世界历史中的地位的讨论。这一变化对于古史学向具有现代历史学品格的形态发展是有深远影响的。但总的来说,中国古史研究在这个方向上的努力还比较稚嫩,缺乏思想的厚度和贯穿力,因此就上述两项内容所包含的要求而言,变化后的中国古史研究显然也还留有众多问题需要进一步解决。

大约自二十世纪七十年代以后,中国古史研究的条件发生重要变化。主要是:(1)随着地下出土资料的大量发现和对这些资料的全面与深入研究,尤其是由于早期文献文本的大量出土并被成功解读,古史史料学研究的基础已大为改观,从而使得困扰古史界多年的史料学难题有了前所未有的达成某些突破的可能;(2)国内学者对于与古史解释性工作有关的国际学术界研究成果的了解大大增强了,对于在现代规范上进行古史研究所需要的跨学科思考和讨论的要求的理解也加深了,因而对整个古史研究的现代水平的认识也较以前更为深刻。这对中国古史研究实现其应有的目标无疑是十分有利的,也是前所未有的。我认为这很可能导致中国古史研究在研究范式上的又一次重要变化。这一变化的特征就是：（1）古史研究将在现代研究的水准上寻求建立真正合理的史料学基本理论；（2）古史研究将寻求建立成熟的解释性工作的基础；（3）古史研究将依据课题的要求建立合理的跨学科研究的规范。换言之，在可能形成的新范式下的中国古史研究，将是有坚实的史料学依据的，是有很强说明力和富有思想性的，是因为具有多学科方法的合理支持而真正科学的。当然，这方面的发展应该说仅只是开始，但对于中国古史研究实现其作为说明中国历史进程的可靠依据这一目标而言，这将是意义重大、具有突破性的进展。

二、古书成书情况与古史史料学问题

近年来中国古代早期文献文本的不断发现对于治古史而言，除提供给我们大批新资料而外，最深远的意义也许莫过于对古史研究的史料学基本概念的问题，促使人们根据对新资料的研究从更多方面作一些反思，以获得某些新的认识，而这正是新世纪古史研究要有突破性进展的关键问题之一。

自近代以来，古史史料学的概念沿科学性的方向不断改造，意义之巨大自无可怀疑，但这个问题本身其实并未真正解决。例如在《剑桥中国上古史》中，对于古史史料学问题有敏感意识的西方汉学界作者在撰写结构上采用了并不多见的将地下出土资料与文献资料作"二元"处理的办法。这很显然是试图通过这种方式宣示它的依据地下出土之文物讲古史乃古史史料学之正宗的观念，而文献的地位则相应变成了"依赖性的"(dependent)。因此其虽没有正面地将传世文献一棍子打死，但依其写法，文献作为独立的古史史料的地位则暧昧了许多，甚至基本上没有了独立性，据文献来讲古史先成底气不足之事（也正因为这样,尽管文献中关于夏朝历史的资料是众所周知的,但该书却坚持不写"夏朝"这一章)。这种古史史料观也许并不是目前众多学者所能认同的。但从另一个角度看,这也正说明古史史料学的现状是不能令人满意的。

从现在来看,打破这一古史史料学难题僵局的唯一出路,只能是通过对新出土文献的研究来检讨和重新建立起完整的古史史料学的基本概念,而其中的核心问题是对古书成书情况的再认识。

这个问题的意义可以说只是在地下出土早期文献文本大量发现后才被充分认识到的。在二十世纪七十年代以前,对于古书成书情况的追究尽管本来应该是讨论古史史料学问题的前提,但实际上并没有被足够重视。因此自二十世纪二三十年代"古史辨"学派对古书问题发表批判性意见以来,其关于古书成书情况的认识并未受到严重的质疑,而这恰恰是判断"古史辨"批判性工作最终是否成立的关键之一。这种情况至迟自八十年代开始有重要转变。1982年李学勤先生就提出了要对古书做"二次反思"的意见①。1988年李零先生写出《出土发现与古书年代的再认识》一文,进一步展开了在新出土简帛书籍研究的基础上对于古书问题的深入研究,明确提出了对于"古书的体例的研究"的问题,并详细地通过对余嘉锡《古书通例》一书内容的介绍与补充首次总结了根据对新出土文献文本的了解所得出的关于古书成书情况的新认识。李文在这个题目下明确批评了"中国传统的辨伪学",认为其"主要是根据一种简单的推理","在逻辑上似乎很严密,但它根据的却是汉魏以后的著作体例,放之先秦,则大谬不然"②。这实际上已经涉及了古史史料学的问题。九十年代,李学勤先生在《新出简帛与学术史》一文中提到新出土文献研究"逐渐转变了"人们"对古

---

① 李学勤:《重新估价中国古代文明》,《人文杂志》增刊,1982年。
② 李零:《出土发现与古书年代的再认识》,《李零自选集》,广西师范大学出版社1998年版,第23页。

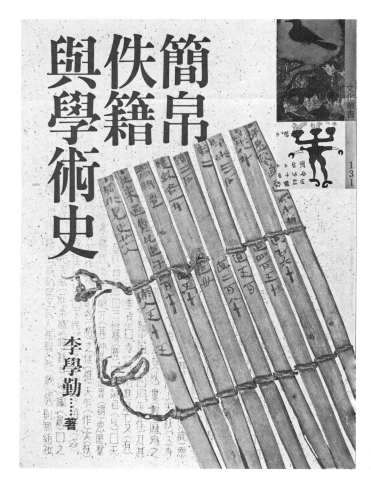

图6 李学勤著《简帛佚籍与学术史》

书形成过程的认识",同时还谈到了以往有些著作"对古书的成书采取一种静止不变的观点"的问题,将古书成书问题与史料学问题联系起来①。2000年,李学勤先生再次以《新发现简帛佚籍对学术史的影响》为题谈到古书问题,明确提出"对古书形成过程的了解"的问题,指出"认识古书总是有其形成演变的过程,是很重要的";"以动态的、历史的眼光去看古书,便不会动辄指之为伪",而且特别提到了对新出土文

---

① 李学勤:《简帛佚籍与学术史》,台北时报文化出版公司1994年版,第12页。

献的了解和研究"从方法上揭示了过去辨伪工作的局限性"①。所有这些论述的要点是：（1）对于古书成书的真实情况需要研究；（2）对于古书成书情况的研究需以对新出土古代文献文本的研究为基础；（3）对于古书成书情况的误解是"传统的"古史史料学所存在问题的关键。应该说，这些意见的提出以及它们所代表的八十年代以来学术界对于新出土文献所作的工作对于深入思考古史研究方法上的问题有很重要的意义，是寻求建立现代古史史料学理论的重要起点。换言之，在此之前的古史史料学理论因为还没有包括这些认识及相应的实践，整体上还是在"传统的"古史史料学理论范畴内，必须经过重要的改进，使之转化为现代古史史料学理论，才能对现代古史研究起到应有的完全积极的作用。而整理出古书成书情况的真实细节，正是这种改进的第一步。

从史料学的立场来看，古书成书情况的研究主要想回答三方面的问题。首先当然是古书真伪的问题。确切地说，就是以对先秦古书成书情况的了解来判断传世文献的可靠性程度的问题。这也可以说是"传统的"古史史料学下力最多的问题，但它们的问题和失误亦多，对古史研究方法的影响也最大，必须依靠对新资料的研究作出清理。在这方面，八十年代以来的一些研究的重要贡献就是将对于古书成书情况的检讨作为重要的方法纳入古书真伪问题的讨论中来。这是"传统的"史料学所大不及的，而且在某种意义上也是其最致命的弱点。因为总体上，"传统的"史料学包括其辨伪的工作，对于古书成书情况是循"以今比古"的思路草率处理的，但问题就在于，古书成书情况自先秦至汉魏以后有很大变化，二者已基本不可同日而语，用较晚近的书籍成书规律来判断先秦古书的问题不免会有重大失误。当然这个情

---

① 李学勤：《新发现简帛佚籍对学术史的影响》，《道家文化研究》（第十八辑），生活·读书·新知三联书店2000年版，第2页。

况也只是在大量获得早期文献文本之后才为今天的研究者所了解。因此在考察古书真伪的问题上,现代史料学理论的基调是明确的,那就是必须走出"传统的"古书辨伪方法的简单公式,而把新出土文献资料所揭示的古书成书过程中的诸多早期特征考虑在其中。目前在这方面应该说已经有了初步的成果,如李零先生在上引论文中以"出土简帛书籍与古书体例"为题对新出土文献实物所表现的古书成书过程中重要细节的归纳和阐述,对于深入研究这个问题就有奠基性的意义。

由此我们想到两个问题。首先是从传统辨伪学整体上的不成功中,我们可以知道,拿古书体例范畴内的特征作为证伪的依据是十分危险的。传统辨伪学(包括其最晚近的阶段)前后已历经数百年的努力,将大批先秦古书网罗为对象,凡在证伪方向上的所有可能的说辞应该都已提出(可以说已使人看到了这种"辨伪"努力的极限),却并没有能给出判定古书真伪的真正有理的标准(按李零的说法,就是"传统辨伪学所定判别真伪的标准大多不能成立")。原因何在呢?实际上正是因为传统辨伪学所讨论的恰恰几乎都是古书体例范畴内的问题(这一点可参看李零先生上引文)。从这个历史经验中,我们应可总结出的最重要的一个教训是:先秦古书体例范畴内的真实情况远比研究者想象的要复杂和富于变动,不仅传统辨伪学者不可能完整掌握其规律,就是现代学者在了解部分出土文本情况之后,恐怕也不能说已穷尽其所有的可能性。正如余嘉锡所说:"若意虽以为未安,而事却不可尽考,则姑云未详,以待论定。"[1]这也就是说,因为我们对于古书涉及体例问题的了解远未穷尽("事不可尽考"),已知规律的判定力是不确定的,甚至可以说是可疑的。那么,如果要找到一个判定的有效标准,它应该是什么和在哪里呢?对此,我想就古史研究所面对的大

---

[1] 余嘉锡:《古书通例》,《余嘉锡说文献学》,上海古籍出版社2001年版,第237页。

多数个案而言,逻辑的结论应该是,对于一本先秦古书证伪的最终标准应该包括来自书外情况的说明,即应该找到正面反映作伪行为的足够证据或证明,这应该不属苛求,因为自书内立标准之风险已如上述,自书外求之是很自然的。而要研究作伪行为的发生,则问题将进入包括属于所谓知识社会学或知识动力学关注的领域内的情况。比如李零说:"既然古代并没有如同后世一样的明确著作权,……加之书籍传播的不易,则他们(先秦人)不仅应比后世更少作伪之动机,而且应比后世更少作伪之可能。"① 所谓"作伪之动机""作伪之可能"等等,就是远比古书体例范畴内的问题范围更广的话题。但对说明古书作伪事实而言,这些是应当得到研究的。当然,在这方面,关于古代"书史"的研究也是非常重要的。

其次便是与证伪标准有关的问题,即:对于一部古书真伪的判别,是应由证伪方举证还是应由证真方举证呢(或者如有些学者所说的是用"无罪推定"程序还是用"有罪推定"程序呢)?其实上引余嘉锡的话已涉及这个问题,而他在上文中还谈得更明确,说:"语曰:'明其为贼,敌乃可灭。'欲辨纪载之伪,……必获真赃,乃能诘盗。"显然,在余氏看来,证伪方有举证之责。本文上面提到的对先秦古书证伪的最终标准应该来自书外,即应该找到正面反映作伪行为的足够证据或证明的意见,实际上说的也是证伪方举证责任的问题。相反的立场之最简明的例子就是在"古史辨"早年工作中多见的所谓"默证法",就是说,除非你举出证真的证据,此书便非真。这当然强调的是证真方举证的责任。就结果而言,证伪方举证将保护的是事实上的真古书,证真方举证要防止的则是将伪古书当作真古书。因此在"法理"上这两种立场似乎均无可厚非。然而在实践上,持证真方举证立场的传统辨

---

① 李零:《出土发现与古书年代的再认识》,《李零自选集》,广西师范大学出版社1998年版,第23页。

伪学常年努力的结果是"古籍辨伪的工作越'热忱',我们就越'无书可读'了"①;而近年来对新出土文献研究的"一个直接的结果是证明不少长期被斥为伪书的古籍实际是真的,或者一部分是真的"②。这说明就中国早期文献的实际而言,坚持证真方举证立场的效果是不好的。在古史研究实践中,证真方举证立场的影响也值得反思。前文提到《剑桥中国上古史》不列"夏朝"一章,其实《史记·夏本纪》中对夏世系的记载在质量上同《商本纪》没有根本不同;倒退一百五十年,依《剑桥中国上古史》的立场,"商朝"一章也应该不会写,因为那时不会有殷墟甲骨的"证真",然而现在没有人怀疑商史是真实的。因此在《夏本纪》的问题上,《剑桥中国上古史》目前坚持的证真举证立场的实际上反映了其拒绝对中国早期文献的全面和总体的表现与特征作完整的思考。这个事实有很深刻的含义,那就是对于中国早期文献文本的生成的基本理由应有恰如其分的认识,这一点还是需要我们大力研究的。

传统辨伪学的成果并不理想这一点表明,对中国早期文献这一大宗资料而言,其作为史料的价值在总体上与古书辨伪工作并没有重要的、全面的联系。如果说"传统的"史料学理论是以"辨伪"为主要特征,那么未来古史史料学将越过这个阶段,而进入更深层次问题的处理。在未来古史史料学理论中,相对"传统的"史料学,对古书辨伪问题的关注应该不会再独据中心和重要位置,辨伪的重要性会相对减弱,史料学思考的重心将会逐渐放到对于现代古史研究的要求更具针对性的问题上(比如对古书内容来源的整理和对古书采用事实素材的原则的分析等)。这个估计对现代古史史料学的建设有重要意义。因为就现代古史研究的要求而言,属于史料学范畴的许多问题本来应该得到深入研究(比如上面提到的两个问题)。但在"传统的"史料学理

---

① 郑良树:《诸子著作年代考》,北京图书馆出版社2001年版,第266页。
② 李学勤:《重新估价中国古代文明》,《人文杂志》增刊,1982年第2页。

论的定势下,长期以来这些问题不是被掩盖了、削弱了,就是被混淆或扭曲了。这对古史研究本身的进展是有牵制的。对于传统史料学理论得失的反思无疑应该帮助我们改善这种局面。

加强前面提到的关于古书内容来源判别问题的研究,以及加强早期文献文本之间关系问题的研究和整理,是关于古书成书情况研究所要回答的另外两个问题,而且应该是以现在为开端的未来中国古史史料学建设区别于传统史料学工作的非常重要的特征。从某种意义上说,这既是使史料学思考朝着更切合古史研究实践的要求推进的必然趋势,也是未来古史研究为使自身具有更科学的品质而不得不面对的最艰巨的挑战之一,对于为古史研究建立更具现代品质的工具性基础具有重要意义。这种现代品质的工具性基础的核心概念之一就是:一项古代数据的价值最终取决于其来源如何;具有真实事实来源的数据就是具有史料价值的资料。因此,应逐渐将文献学与古代"书史"的工作在特定课题的研究中同史料学工作的不同任务与要求区分开来(尽管这三者的内容是密不可分的)。比如说近年来新出土文献研究的实践所显示的,在获取史料学概念的意义上,以往从文献学或古代"书史"的角度所作的关于古书成书情况的判断往往选取的资料单位过大,因而其结论所附带的对于可信史料的损伤多有所见,因而至少在古史研究的要求上还有待于增强针对性。因此可以说,在古史研究的立场上,关于古书内容来源的判别应该是更具有完整的史料学意义的工作(而古书辨伪严格讲来还不能完全等同于古史史料学)。尤其是对于中国早期历史的研究而言,在史料的问题上,对于资料来源问题的探究有时比确定某部古书的真伪似乎更重要。而近年来对出土文献所反映的古书成书情况的研究,在帮助我们形成探究古书内容来源的合理规则和有效方法方面是有重要启发的。比如对于中国传说时期历史的大量资料,在"古史辨"早年方法上是将其解说成"层累地形成的"历史,实际上就是判为系统造伪的产物。但在掌握真实的早期文献文本实物的今天,通过对先秦古书成书情况的深入研究,应该可以证明这完全是不可能的,是对中国早期文献文本生成机理的非常主观的想象。因此对传说时期事实素材出现的原理,应该从更广泛的角度去分析。比如现在我们知道许多传说时期人名在先秦实用文字资料中出现,如包山楚简所记的老童、祝融,和早年已知的东周铜器上的黄帝等。虽然实用文字资料不是"古书",但这些资料对分析古书内容的来源无疑是有价值的。最近发现并公之于世的西周中期铜器遂公盨是对于古史史料学思考有重大意义的一项具有全新含义的珍贵资料,其内容和最新研究业已发表[①]。该器决不属伪造[②],而其内容和体例则属前所未见。此器之重要在两端:(1) 其将古代记述禹的事迹的时间提前了数百年;(2) 其关于禹的事迹的记述在内容乃至用语上均与传世《尚书》等文献惊人地一致。众所周知,对于传说时期人物和事迹记述最早出现的时间,过去"古史辨"学者一再强调其不过东周,由此而支持其关于中国古史"层累地形成的"理论。遂公盨的出现,不仅对早期"疑古"的结论是有力的冲击,而且还十分清晰和充分地显示了"疑古"方法在逻辑上的缺陷。至于遂公盨内容与用词同传世文献之间惊人的一致性究竟说明了什么,当然还有待于进一步的充分研究,但可以相信由于此器的出现,人们对传说时期资料来源问题与古书成书情况之间复杂关系的认识一定会有新的提升,对于传说时期历史的可信性的认识也会有很大的改观。从古史史料学建设的角度看,遂公盨的出现再好不过地提醒人们注意,对于古书资料来源的

---

① 我是在本文初稿修改过程中,最初由新浪网读到保利艺术博物馆从香港收集到(并经李学勤、马承源、朱凤瀚等青铜器专家鉴定)据信为西周中期器的"遂公盨"之消息(www.sina.com.cn,2002年10月22日"文化新闻"),称该器铭文内容记述了大禹削山疏河,治理水患,划定九州,分定贡赋和为政以德之事。现《中国历史文物》2002年第6期已刊布该器完整资料,以及李学勤、裘锡圭、朱凤瀚、李零诸先生关于该器的论文。其间中国历史博物馆王冠英先生向我提供了有关资料,谨此志谢。

② 上引诸学者论文一直肯定遂公盨之真实性,另,日前在香港得晤最先看到遂公盨原器的张光裕先生,他也决然否定该器有造伪之可能。

研究远未穷期,在这个问题上古史界要做的工作将是大量和复杂的,而且完全有可能将不断遇到如同遂公盨一样具有全新含义的资料的新的挑战;同时在特定内容或事实素材的来源的判定方面,早期文献文本之间,包括古书文本与作为广义的早期文献的早期实用文字资料之间关系的整理将是一项同样重要和艰巨的工作。在足够充分地推进这些方面复杂研究的所有主要任务之前来对古代传说时期资料的可信性和古书内容来源问题下结论是有风险的。有理由相信,随着对古书成书情况研究的进一步深入和扩展,对于古书内容来源和早期文献文本关系的认识一定会不断丰富与进步,而这将使我们真正逼近建立更为科学的古史史料学理论的目标。

三、解释性工作的水准和跨学科研究的要求

中国古史研究的重要任务不仅在于对中国早期历史进程和发展状况做出准确的描述,同时还包括为描述和解释整个中国历史进程的框架及其内在逻辑提供有深度的、科学的依据。而所有这些都意味着在中国古史研究中因其所担负的任务而包含了极其复杂的对于解释性工作的高度要求。对于中国古史研究而言,其工作的一个突出特点是所谓"描述性"的工作与"解释性的"工作是无法截然分清的。从中国古史研究自近代以来的实践中就可以看出,在任何一个具体的研究实践阶段上,对于事实的描述都不可能仅由完全客观的数据构成,而是需要有解释性工作的参与。这有两个原因:一是有些事实只要被表述出来,就是带有解释性内容的,比如甲骨文中的"臣"是否"奴隶"问题就是这样。因为在这项分析中所用到的"奴隶"这个概念本身就是近代解释性工作的产物,与古代中国任何真实存在过的概念都不是完全等值的。因此,当人们认定甲骨文中某个词的含义就是"奴隶"时,他们既是在表述某个事实,同时也已经

在给出某个解释性的意见。二是就中国古史而言,迄今为止在"解释性"工作上能够完全确定的成果尚不够多,也可以说"欠账"甚多,尤其是在一些重要的、基本的问题上可供人们利用的、公认的"解释性"平台还没有真正建立起来,因此几乎在任何一个简单事实的叙述中都会遇到如何交代其"解释性的"基础的问题。比如近年来中国新石器时期晚期具有高度物质文化和社会发展程度的远古遗存大量发现,其意义非常重大,考古学界和历史学界都面临着如何叙述与此有关的古代史实的问题。这种叙述就绝不仅是"描述性"工作所能单独完成的;在没有对有关的"解释性的"问题做出深入的讨论和研究之前,要对这些重要考古遗存所代表的古代史实做出令人满意的叙述是很困难的,事实上已经发表的所有这类叙述也都带有某种"解释性的"内容,而这是很自然的。

因此很显然,古史研究所担负的使命也要求它就大量本来就带有解释性内容的事实做出说明,以及在此基础上对作为中国古代历史进程开端的古史的特性、历史地位和影响等重大问题做出有深度的、可信的解释和阐述。正如本文开头提到的,中国古史研究曾经在"解释性的"工作方面倾注极大的热忱,有大量的成果发表。曾长期在国内学术界引起热烈讨论的先秦时期中国社会是否"奴隶社会"的问题就是一个很好的例子。这个问题本身很显然是与"描述性"和"解释性"工作都有关的一个课题,应该说迄今这个课题仍然在讨论中,而并没有得到最终的解决。然而,无论这项讨论的进展和结果如何,古史研究面对这项课题是无可回避的。从这个意义上说,二十世纪八十年代以前,包括六十年代以前国内大批学者投入关于这个问题的讨论和研究是与古史研究所担负的使命吻合的。

然而值得注意的是,自二十世纪七十年代以后,学术界在这个问题上努力的势头锐减,不仅在这个问题上新的讨论和研究已很少见,就是对于过去研究和讨论的有分量的总结和整理也乏人问津。这可能反映了两方面的问题：首先，古史界虽然在与这个课题有关的"描述性"研究和"解释性"研究这两个方向上都遇到挑战，而古史界对此的反应则似乎是倾向于期待通过在更高和深入的水平上推进"描述性"的工作来突破瓶颈，摆脱困境。应该说大力推进"描述性"的工作是完全必要和非常重要的，问题在于这种将"描述性"与"解释性"工作分开进行的意愿很可能只是一厢情愿，因为很显然，回避在"解释性"工作范围内的问题事实上也会牵制"描述性"工作的进展，因此并不能真正推进整个研究。我认为真正恰当的反应应该是在加强"描述性"工作的同时，通过新的努力来提高古史研究在"解释性"工作上的水准。

另一个原因，我认为应与古史学者对于着手进行高水平的"解释性"工作的准备不足有关。很清楚，未来古史研究所要求的"解释性的"工作内容和所涉及的方法，均非六十年代乃至八十年代以前的同类工作所能比拟。其中最基本的一个不同，也许就是其不再主要或仅仅是循"以论带史"的办法来为对于古史的阐述加入解释性的内容（就这样的"解释性的"工作而言，对于学者自身在独立进行理论思考上的要求应该说并不是非常之高），而是要求学者在关于古史的"描述性的"工作的基础上寻求建立有深度和较高说明力的、合理的关于中国古史进程的专业化的理论及相应的方法的理论（这就要求学者本身具有非常好的理论思考的素养和众多的相关知识）。很显然，前者将要求较之后者更高、更专业的水准。而正是在适应"解释性"工作要求的这种变化上面，应该说大多数古史研究者都存在着一个在研究中提升自身训练的问题，包括对理论与方法研究的能力的训练和对有关知识讯息的系统的了解和学习，从而逐渐具备足以在这方面着手进行相当水平研究的各种准备。而在相反状况下来谈古史研究中"描述性"工作的重要推进，自然将难有壮心及热情可言。然而显然没有理由认为古史界在高水准"解释性"工作上缺乏充足准备的状况会无条件地长久地持续下去,因为这个问题对于中国古史研究的未来发展绝非无关紧要,同时也应看到自二十世纪九十年代以来整个中国学术界在理论领域的活跃以及中国古史界对于国际同行的工作在这方面变现出来的某些优点的了解,都必然会使古史界在这个问题上最终受到严厉的触动,从而非常认真地认识到,二十一世纪的中国古史研究必须正视解释性工作的任务,完整地履行古史研究负有的使命。关于中国先秦社会性质问题的研究是如此,其他古史研究必须回答的具有解释性任务的问题的研究亦复如此。

提高古史研究中解释性工作的水准,首先应做到的是寻求建立合理的和规范的有关解释性研究中所涉及的概念及术语体系。所谓"合理的和规范的",当然不是指已经最终完成的,而是指这种概念和术语体系必须是经过论证的,并且在一个体系中的所有概念或术语之间的逻辑关系是清晰的、确定的。只有这样,某项具体的解释性工作才可能成为合理讨论的对象,而一系列由这些讨论组成的具有逻辑上的内在联系的解释性工作也才可能对推进古史研究中的解释性工作有实质性的贡献。在这方面国内古史学界有很多工作要做。比如本文开首提到过苏秉琦先生的《中国文明起源新探》一书,该书是近年来在中国早期历史研究中具有较多解释性内容的一项重要成果,其意义是不容置疑的。然而该书的一项在我看来与上述问题有关的重要缺陷就是未包括对于书中所使用的一系列重要概念和术语的严格意义及其相互逻辑关系的必要论述和讨论,因此尽管读者可以猜测到书中许多命题下的完整思想,但整体上全书内容中留下的诸多不确定成分对于在该书基础上进一步展开讨论是不利的。例如在该书提出的中国文明起源"三部曲"理论中占据重要位置的"古国"概念,书中就缺少就其确切的含义所作的必要和较为展开的阐述或说明。当苏老最初在1986年以辽西新石器文化遗存为样本提出"古国"问题时,他关于"古国"作为一种"高于典型氏族制度"又"凌驾于其上的高一级的社会组织形式"的论述①,在某种理解上是为探索中国早期政治组织形式演化的具体进程提供了极富启发性的一种新的思路。也就是说,他可能指出了一种与典型氏族社会有别、又早于国家制度的早期政治组织形式的存在。这一认识的意义是重大的,将引起国内学术界很长时期中对中国早期历史解释性框架的重要改变。然而事实上,苏先生八十年代提出的上述工作在概念体系的建设上是不完整的,最终导致其整个解释性结论的游移。在苏先生后来的工作中"古国"已经被定义为就是国家(在《中国文明起源新探》一书中,苏老明确地就作为"古国"的红山文化的表现指出:"早期城邦式的原始国家已经产生"②)。问题并不在于苏先生不能把"古国"定义为"国家",而在于当其后期提出上述定义时,苏老仍然未对他所使用的"国家"这个重要概念的规定性及其在整个术语体系中的确切地位作出完整的和准确的说明。因此当我们读到苏先生将红山文化、良渚文化、陶寺遗址等均判定为"国家"的论述时,对于这些判定的理由实际上仍然并不十分清楚,因此也就难以确定苏老的结论对于中国古史的解释性研究的真正意义是什么。事实上,要严肃地检验这些判定的正确性,必须讨论的事实的和理论的问题是众多和复杂的,而这些在一项研究的概念与术语体系建立过程中本来是应该涉及的。在这里我无意对苏先生解释性结论的对错进行评论,而是以此说明对于重要和关键性概念之确切和完整意义的建立注意不够,对于在规范和科学的要求上有效地讨论和研究古史的解释性问题是不利的。我认为要提高中国古史研究解释性工作的水平,改变研究中对于重要的概念使用较为随意、不求严格和完整的风格,对于当前的中国古史界来说是十分必要和重要的。

进行"解释性的"工作时概念问题的敏感性还表现在必须非常深

---

① 苏秉琦:《辽西古文化、古城、古国》,《文物》1986 年第 8 期。
② 苏秉琦:《中国文明起源新探》,生活·读书·新知三联书店 1999 年版,第 138 页。

入地思考有关概念的必要性,也就是应该明确我们所提出的重要和主要的有关概念的意义之所在。这是因为在古史研究中所需要提出和使用的许多乃至大多数概念,其在不同学者工作中的实际的定义都与学者们在与该定义有关的众多问题上的认识有关,许多讨论也因此而发生。尽管不同的定义从程序的角度说都是同等地合法的,但是不同定义所赋予概念的说明力也就是其"意义"是不同的。我们所做工作的最终目的是对有关历史事实有尽可能深刻和合理的解释,因此追究所建立的概念在意义上的细微的差别,尽可能使其更具说明力和深刻性,是使整个古史研究的"解释性"工作提高其水准和价值的关键之一。比如近年来的中国早期国家研究中,"酋邦"这一概念已为学术界所熟知,但是不同学者在研究实践中所持的实际的定义是有差别的。在美国人类学家塞尔维斯最初提出这个构成其关于人类在其政治组织严禁问题的整个理论重要基础的概念时,其所代表的早期政治组织形式是以具有个人性质的权力结构和活动中的某种强制性的表现为特征的,并在这个意义上,同部落间依自愿与平等的原则联合而成的所谓的"部落联盟"构成可观察到的人类早期政治组织的两种类型[①]。运用"酋邦"概念对于说明中国早期历史的重要意义在于,首先,它很适合地概括了中国早期在形成国家制度以前已经出现具有较高物质文化发展程度和社会分化程度以及较复杂政治组织形式的政治实体的事实;这一点正不断被新发现的中国新石器时代的众多资料所一再证实。其次,它也很适合地说明了中国前国家时期复杂政治组织所表现出的以个人性质的权力为其政治架构要素的特点。第三,它对于说明中国古代不同地区早期政治制度演进的不平衡问题,以及以中原早期国家进程为核心的中国早期国家总进程的整个框架及其特征也有很好的作用。因此应该说对于"酋邦"概念的使用,乃是因为它是"有

---

① 参看谢维扬:《中国早期国家》,浙江人民出版社1995年版,第176—190页。

意义的"。现在有学者援引九十年代以后的一些西方学者提出的关于所谓"民主"类型的"酋邦"问题的工作,批评我上面所表述的运用"酋邦"概念对于中国早期政治组织演进和早期国家形成问题所作的阐述和解释。在此我只谈一点,即如果有所谓"民主"类型的"酋邦",那么这一"酋邦"概念与上述塞尔维斯所表述的"酋邦"概念的意义是不同的,其对于特定个案的说明性也因此而不相同。在考虑援引对于"酋邦"概念的这一新的定义时,应当对这方面的问题作完整的分析与讨论。至少应对上述两种关于"酋邦"的概念之间的关系作必要的、合理的说明,同时作为讨论中国个案的一项工作,还应当对运用这一定义来完整地处理对于中国个案的解释有相应的工作。如果这一定义使新的解释性工作较之以前的解释更切合中国个案的实际并更具有说服力,这种批评就是重要的。但有关的批评尚缺乏这方面的完整的工作,因此上述批评给人们的印象是以塞尔维斯的定义为代表的关于"酋邦"的概念是错误的。但这是不确切的,问题远不是如此简单。这在一定程度上反映出学者在对概念问题的讨论中尚没有把对于概念的"意义"的问题看得非常重要。而非常注意地把握这一点,正是我感到为有效和规范地开展"解释性"工作并提高其水准,古史研究应非常注意和着力改进的一个前提。唯其如此,不仅有关的讨论和研究才是真正有效的,而且整个研究也才能在此基础上引导出真正具有认识意义的结论。

在"解释性的"工作中,对于"话题"(即所要研究或讨论的问题)的选择同样也存在对于"意义"的理解和把握的问题。从某种意义上说,在更深刻和完整的认识上找到真正有"意义"的"解释性的""话题",是中国古史研究所面临的更具挑战性的任务,也是在更完整意义上推进古史研究的一个非常重要的关键。所谓有"意义"的"话题",按我的理解,应该是:(1)有确实的事实基础的"话题";(2)能够以与其有关的研究和讨论对于古史研究有推进作用的"话题"。二十世纪六十年代以前中国古史界在"解释性的"工作中所提出的某些"话题",以今天的认识来看,就存在着就其"意义"作某种反思的问题。如在解释中国国家制度形成问题上曾长期被提到的所谓"部落联盟"问题这个"话题",以今天来看,就是一个缺少事实基础的"话题"。在这个"话题"框架下推进有关的"解释性的"工作是很困难的,完全应当将精力投入更具切实"意义"的"话题"上去。在近年对于"酋邦"问题的一些研究中,有学者批评我把"酋邦"说成是中国最初的"专制主义政治"的形式。首先应该指出,这些批评对我的论点的归纳是不准确的。我在拙著《中国早期国家》"酋邦"一章的"酋邦与人类专制主义政治的发生"一节中有如下表述:"酋邦是具有明确的个人性质的政治权利色彩的社会,当它们向国家转化后,……从中发展出人类最早的专制主义政治形势。"当然,我也谈到问题的另一面,即"专制主义和君主制的因素存在于前国家社会中,这是人类学普遍注意到的事实"[①],我想我的论点同上述批评者对我论点的概括之间的差异是清楚的。问题在于,我认为花很大气力去讨论中国古代酋邦是否"专制主义的形式"的问题,对于推进中国国家起源问题研究的"解释性的"工作并不是最重要和真正有"意义"的"话题",也不是包括我在内的迄今对于这一课题所作研究的真正缺陷之所在。我认为,目前在中国国家制度形成的问题上有待进一步研究的一个主要问题是:究竟应当如何在理论上和与古史研究实践要求的结合上更完整和更具体地廓清作为前国家政治与社会形式的酋邦与国家社会之间的区别。这是因为,不仅已有的关于酋邦的理论尚未有达到如上要求的完整成果,而且就中国个案而言,近年来大量发现的新石器时期与前国家社会演进和国家制度产生有关的远古遗存要求我们对其意义做出可信的解释,而这将是可能导致中国国家起源研究获得重大突破和大幅推进的非常重要的工作。因此我认为更应关注和认真提出研究的是这个方向上的"话题"。中国古史研究

---

① 参看谢维扬《中国早期国家》,第213页。

中"解释性"工作的特性是非常实践性的,也就是它是以建立对于中国古史解释的合理框架为明确目标的。正因为这样,对于包括概念和"话题"的提出在内的所有解释性工作的"意义"的深入思考和恰当把握是当前古史研究中应当十分注意的问题。

应该说,在特定课题面前,任何学科的方法均没有独有的专利。古史研究如果漠视特定课题研究必须涉及的相关学科的作用,便可能将失去自身工作的前沿性。由此便提出了古史学者需要在研究所及的各相关学科的了解和有关问题的处理上如何更专业化的问题。我认为二十一世纪的中国古史研究,不应长久地宽容学者们以专业分工的理由原谅自己在相关专业的了解上不够专业的现状。理由很简单,只要在课题本身决定的必须涉及的相关专业的参考和借鉴上因不够专业而发生错误或偏差,那么课题本身就不可能有真正合理和科学的解决,而有关研究的水平也不会从根本上高于传统的研究。这对于古史学者来说也许是过于苛刻的要求,但问题就是这样客观地放在古史学界面前。

要解决好这方面的问题,只有两个出路:一是加强不同学科学者的交流与合作;二是古史学者自身加强对相关学科的了解和学习。事实上二十世纪末至二十一世纪初先后实施的夏商周断代工程和中华文明探源工程,其在研究方式上的许多新的做法已经显露了中国古史界在对上述问题做出非常积极的反应。在这两个工程中,古史学者、考古学者、古文字学者、世界史学者乃至自然科学的一些相关学科的学者都实现了较大规模、极具深度的交流与合作,鲜明地表现了新世纪古史研究的风格。实际上就古史研究涉及的问题而言,还应有更多相关学科加入这种交流与合作,如人类学、政治学等等。也许可以说所有相关学科在更高专业水准上、在更广泛问题上的有效的交流与合作,正是二十一世纪古史研究最大的特征。在这个特征下,古史研究的抱负不仅是为知识界和公众提供古史方法下的某些成果,而且是寻求向他们提供完整的、具有最大科学性的关于中国古史的一系列结论。当然，要实现这一点，古史学者自身面临的挑战是巨大的。我认为，在当前，在跨学科研究的问题上，古史学者首先应当做到的是在涉及某一相关学科时，应注意了解和研究该学科的主要和重要文献，也就是要准确地了解其学术史。那种随机地、零星地引用相关学科成果以支持古史讨论的方法已经过时。

事实上，恐怕不应简单地将跨学科研究仅仅看作是某个学科向相关学科吸收其成果的问题。所谓任何学科对于特定课题均不具有专利的意思，就包括有些重要课题在任何单一学科中都还是空白，均尚未提出明确的思想和成熟的方法，这时跨学科合作便是有效提出这些重要课题并推进其研究的唯一途径。例如随着近年来大量新石器时期考古遗存的发现而凸显出来的考古学证据意义认定的理论的问题，就是这种性质的一项具有重要意义的课题①。这个问题解决好了，对于推进中国国家起源研究中遇到的中国早期国家化进程的空间和时间布局与序列问题的探讨将大有助益。以这一问题迄今在中国考古学和历史学被关注的程度而言，很显然对它的研究是非常需要至少考古学与历史学的共同努力的，而其成果对这两个学科各自的工作也都将有重要意义。这也许是未来对于中国古史的研究将在更高要求上实施跨学科合作的一个预兆。我相信，二十一世纪中国古史研究的趋势一定将引导学者们在这样的方向上前进，而中国古史研究也将在这样的方向上获得前所未有的突破性的成果。

（原刊于《历史研究》2003年第1期）

---

① 关于这一问题的较详细的说明，可以参看谢维扬：《中国国家起源研究中的"古国"问题》中"'古国'作为国家的考古学证据的认定问题"一节。该文载《学术月刊》2001年第4期。

古书成书的复杂情况
与传说时期史料的品质

在中国古史研究中，传说时期资料的地位和价值问题是其史料学问题的一大核心。即以对中国国家起源问题的研究而言，其必须利用并解释有关传说时期的各种史料，是无可避免的。因为由众多传世文献和陆续面世的出土文献以及古文字资料所包含的有关传说时期古史的大量记述，不仅是我们了解可能与早期国家形成过程有重大关联的远古史事内容的唯一依据，而且所有这些史料内容本身非常重要，也极其丰富，只要是依靠正确的方法，对于阐释这段历史的价值是不容忽视的。因此如何对待传说时期史料的问题便成为中国国家起源研究史料学问题的一大重点；对传说时期资料的史料学分析，也无疑成为中国国家起源研究中史料学工作的重心之一。这在很大程度上反映出中国国家起源研究在方法上的一个突出特点，也说明了对传说时期资料的史料学特性进行合理分析的重要性。

在传说时期研究史料学的问题上需要讨论的问题非常多，但随着有关研究的进展，在一些问题上现在似乎也已经有了较之过去更深入的认识。其中较为重要的一点就是要充分认识传说时期资料发生上的复杂关系。以下我想就这方面的问题谈几点粗浅的想法，还请方家不吝指正。

一、古书成书过程中文本形成的多元性质

在传说时期研究史料的问题上，由不同文献所记述的传说资料在发生上相互间究竟存在怎样的关系，是一个非常难以廓清的问题，也一直是学者们关注和争论的重点。自二十世纪二十年代以来在古史研究中产生极为重要影响的所谓"疑古"的研究，很重要的一个内容，

就是对这一点进行评估和分析。而正是在这个问题上,由于无数学者长期以来所做的深入研究和讨论,尤其是在近年来不断涌现的新出土文献资料得到研究的基础上,目前我们在有些方面的认识应该可以比较过去更加确定。比如由"疑古"学者所提出的认为早期传说内容是在一种单线性的过程中"层累地形成的"的观点,虽然在很长的历史时期内始终是有着重要的影响的,但现在我觉得应该可以明确其与古史传说资料形成的实际过程是不完全相符的,作为在有关问题研究过程中提出的一种假说,其证据始终是并不充分的;早期传说内容形成的真实过程其实比其所描绘的要复杂得多,在对传说时期的具体研究中简单地沿用这种观点所代表的方法并不能真正解决问题。

  对于这方面问题的整个背景,多年来有不少学者做过深入研究,提出了许多有意义的分析,笔者也曾对有关问题发表过粗浅意见[①]。在这里,我想补充来自近年来颇受关注的清华简的部分资料所反映的情况,从古书形成过程中的复杂情况这一角度来进一步说明这一点。

  很长时间以来,我们都认为目前看到的传世的《尚书》文本,其最初的源头是与孔子"编书"的活动有关的。也正因为这样,在汉以后的古书分类传统上《尚书》是铁定为儒家经典的。对于孔子"编书"的问题,尽管历来也有过很多争议,但是多数学者还是相信有其事的[②]。但孔子编书的细节却始终并不十分清楚。而近来由于清华简的发表,我们得以了解到一些以前未能论定的情况。

  例如从对清华简(叁)《说命》三篇(连带之前清华简(壹)发表的《金縢》等篇)的分析中似乎可以看出,孔子编书时应该还没有为各篇文字拟就确定的篇题。在传世文献范围内,如果仅从《论语》引《书》的

---

  ① 如李锐:《由新出土文献重评顾颉刚先生的"层累说"》,《人文杂志》2008年第6期;谢维扬:《"层累说"与古史史料学合理概念的建立》,载复旦大学出土文献与古文字研究中心编:《出土文献与传世典籍的诠释》,上海古籍出版社2010年版。
  ② 如刘起釪说:"在儒家教本中,把所搜集到的断简残篇的《书》加以编排,是孔子开展他的教育时所应该有的事。"参见刘起釪:《尚书学史》,中华书局1989年版,第12页。

情况看,其提到《尚书》的几处文字中均只称《书》大题,而未提及《尚书》各篇的篇题①。其中《为政》和《宪问》篇的有关文字分别引用了属于《尚书》的两段文字,也均未提篇名。而《孟子》引《书》据陈梦家整理共计 20 例,其中也有相当部分(11 例)是只称《书》大题的,但同时另有将近一半(9 例)引《书》时则明确称篇题②。陈梦家据此提出两点,一是"《尚书》至此时(指孟子时)已有篇名",以及"似孟子时《尚书》或者已编成课本"。③ 这也等于认为在孔子时候《尚书》还没有篇名,而孔子也并不肯定已做了编书的工作。只是仅从传世文献中这类证据出发显然还无法将问题说死。

而最新发表的清华简《说命》三篇内容上的一些特征则有助于表明,由传世的或出土的文献文本所披露的《尚书》篇题确实不是在孔子编书时拟定的。理由就是作为战国中期文献文本实物的《说命》三篇本身是写有自题的篇名的,那就是在每篇最后一支简背所书写的"尃(傅)敓(说)之命",而这与已知传世文献如《礼记》的《缁衣》《文王世子》《学记》和《墨子·尚同中》以及出土文献郭店简《成之闻之》引《说命》文字时所称的"《兑命》""《术令》""《詔命》"(皆"说命"之异作)均明显有别,作为篇题应该认为是不相同的。从存世及流传年代上说,清华简《说命》三篇比起亦曾引《说命》文字并披露篇题的《礼记》《墨子》等传世文献都不一定更早,很可能还会要晚一些④。但从各自篇题的表达方式看,"《说命》"与"《傅说之命》"比较,后者显出较更繁复,因而可能更保存原初的状态,而措辞简洁的前者反而可能已经过提炼而有异于最初形成者。清华简(壹)另有属于《逸周书》的《祭公》

---

① 分别见《论语》的《述而》《为政》《宪问》篇。
② 参见陈梦家:《尚书通论》,中华书局 1985 年版,第 12—14 页。
③ 陈梦家:《尚书通论》,中华书局 1985 年版,第 14 页。
④ 如虞万里认为《缁衣》成书"似应在郭店简、上博简钞本之前半个世纪左右,亦即公元前 350 年前后"。虞万里:《上博馆藏楚竹书〈缁衣〉综合研究》,武汉大学出版社 2009 年版,第 451 页。而清华简据测定其年代为公元前 305±30 年。见清华大学出土文献研究与保护中心编、李学勤主编:《清华大学藏战国竹简(壹)》,中西书局 2010 年版,第 3 页。

一篇,但篇题与传世本不同,也是更为繁复,作"《祭公之顾命》"。整理者表示:"本篇是今传世《逸周书》所收《祭公》的祖本。"①可见是认为简本的篇题应该有更早的来源。这同我们对简本《说命》三篇篇题意义的分析理由是相似的。然而从战国以后《尚书》文本流传的实际结果来看,被作为正式篇题永久使用的反而是"《说命》",这非常可能表明简本的篇题尽管形成更早,但因为并不是出自孔子亲拟而且由孔子所确定,所以最终不被传承。

　　清华简所反映的《尚书》篇题出现的这些情况,实际上表明孔子"编书"对于《尚书》成书和有关文本形成上所起的作用是有限的,也并非以做成《尚书》统一或标准的文本为目的,而因孔子"编书"形成的《尚书》文本很可能只是《尚书》成书过程中出现的众多早期《尚书》文本中的一种。这实际上意味着历史上很可能并非只有孔子一人,也并非只有儒家一家做过"编书"的工作。

　　我们从对《说命》三篇用字和表达方式上的一些特点的分析中也可以发现关于这个情况的一些佐证。简本《说命》三篇文字与传世文献所引用的《尚书·说命》文字在字的运用及表达方式乃至篇章编排上均有不同,而这些不同应该都不是出于传抄中的偶然误作,而是一种系统性的差异的反映。

　　如《国语·楚语上》中记有白公子张的一段话,经清华简整理者有力论证,现在普遍认同是引用了《尚书·说命》佚文,其文字与简本《说命中》则可大段对应②。但两者的不同也颇值得注意。首先在语序上有多处不同。如《楚语上》"若天旱"句在"启乃心"句前,简本则相反;"若津水"句《楚语上》置于整段第二句,简本则为反数第二句。在用词上二者则互有增减现象。如《楚语上》"若金,用汝作砺",简本在"汝"

---

① 《清华大学藏战国竹简(壹)》,中西书局2010年版,第173页。
② 参见李学勤:《新整理清华简六种概述》,《文物》2012年第8期。

前增"惟";《楚语上》"沃朕心",简本句前增"日";而在简本"汝作舟""汝作霖雨"等句前《楚语上》均增"用";简本"若诋不视,用伤",《楚语上》于"视"后增"地、厥足"。简本与《礼记·缁衣》所引《兑(说)命》内容在用字、用词和语序上也均有较大差别。如简本有"惟干戈作疾"一句,《缁衣》所引则完全不见;而《缁衣》引文有"惟甲胄起兵",简本则阙如。《墨子·尚同中》所引"先王之书"《术令》(《说命》)的一小句,同简本和《缁衣》所引文字也都有不少出入(《墨子》作"唯口出好兴戎",《缁衣》作"唯口起羞",简本作"复(且)惟口起戎出好")①。这些用字、用词及语序上的差别似乎都很难用传抄人的误作来解释,而更可能是由于所依据的文本本身的不同。

还有一个现象也反映出《尚书》文本形成的复杂性,即《礼记·缁衣》以及《文王世子》《学记》所引用的另几条《尚书·说命》的文字不见于简本《说命》,而见于更晚出的孔传本《尚书·说命》(有文字上的变动)。但这些文献所引用内容源自古文《尚书》系统文本的可能性是微乎其微的,因为孔传本《尚书》的大部分文字均与清华简《说命》不同,故其整体上作为《尚书》较早期文本的可能性非常低。因此如果这几条引文并非出于杜撰,那么它们最大可能应该是来自有异于简本《说命》的另外一个或数个《尚书》文本系统。李学勤曾就此现象表示:"这大概是传本不同的缘故。"②就上述事实本身而言,实际上也不能排除与自成书最初阶段起就可能有不同的《尚书》文本系统出现有关。这不仅表明清华简中的《尚书》文本似乎并不能看作是《尚书》成书过程中唯一形成的文本,同时也反映出《尚书》成书过程中可能存在的呈"多元性"的复杂现象。

与清华简《说命》三篇所反映的古书成书中文本形成上的这种情

---

① 以上所列举文例均见李学勤:《新整理清华简六种概述》,《文物》2012年第8期。
② 李学勤:《新整理清华简六种概述》,《文物》2012年第8期。

况相类似的,还可以提到清华简(壹)中的《金縢》与传世本今文《尚书·金縢》在文字上有大幅差异的情况。廖名春曾概括二者的异同说:"竹书本《金縢》与今本首尾一致,但中间行文却有详略之异。可以说是今本详尽而竹书本简易。"①尤其是今传本中有关于周公祝告和举行占卜的详细描写,简本则有大幅的省略,关于占卜的情节甚至基本没有提。这种内容上的大篇幅的差异,很多时候只在不同的文献之间出现,在同一文献的不同文本之间出现这种情况应该是并不寻常的,所以应该想到这可能是反映了早期古书成书过程上不同于以后时期的特点。李学勤在有关分析中也认为这是属于同一文献活动中的问题,因此提出:"清华简与传世本《金縢》应分属不同的传流系统。"②作为进一步的思考,实际上恐怕也还不一定能排除在更早的所谓"编书"的环节上亦即成书过程中简本与今传本也已经是"分属不同系统的",虽然这可能会使对于古书成书的界定变得更为复杂。

早期《尚书》文本形成过程中之所以有这些复杂情况,其最重要的原因,应该与《尚书》本身是在对古代原始公共文献资源利用的基础上编纂成书的有关。我们现在说到所谓《尚书》的"成书",很多时候指的是今天所见的《尚书》文本的形成过程,但实际上在这些文本"成书"前,《尚书》的主要文字内容应该已经在一定意义上以未知的形式流传和被利用了。这很容易证明。《左传·昭公二年》说"韩宣子来聘,……观《书》于大史氏",所说的"《书》"无疑是指孔子编书前就已存在的《尚书》文本,但因此时孔子才十一岁,故不可能与孔子"编书"有关。这个文本应该就是在西周以来藏于周室和少数诸侯国(如鲁国)公室、由各级史官撰写、整理和保管的官方历史文献和其他资料基础上形成的某个原始《书》类文献文本。从《左传·定公四年》关于周初

---

① 廖名春:《清华简与〈尚书〉研究》,《文史哲》2010年第6期。
② 李学勤:《清华简九篇综述》,《文物》2010年第5期。

对鲁、卫、唐(晋)分封情节的详细记述中可以知道,鲁国拥有这些资料的重要来源之一则是周初对鲁分封时由周室赐与鲁国的"典策"。目前的《尚书》学研究对这类原始的书类资料与后来被编为《尚书》各篇的文字之间的关系是肯定的,认为它们应该是后者内容的原型或雏形,唯其早期文本的具体形式现在还无法知道。

原始书类资料在很长时期里除作为官方文件的用途外,还以未知的形式被用于贵族教育。如《左传·僖公二十七年》曾记述赵衰称晋将郤縠"说礼乐而敦《诗》《书》",便是当时贵族学《书》的一个写照。但在早期,这些官方历史档案资料对全社会似乎还是封闭的。《左》昭二的记述已清楚地表明这一点,即此时能够接触原始书类文献的似乎还只包括如韩宣子这样的高级贵族,并且还十分地不便。但在孔子成年时这个局面显然有很大改变,编书已经成为孔子教学活动的一部分。这意味着书类资料已进入向更多人群开放的阶段,而且很可能早期原始书类资料也由此进入摆脱官方收藏限制而开始形成某些流行文本的过程。孔子看来是加入这一过程的一个先行者。

正因为《尚书》成书有这样的前提条件和背景,孔子编书所形成的《尚书》文本,显然不必是唯一的。孔子之后有更多人做"编书"之事,不同的《尚书》文本会陆续出现,这些都应该是可能的。在以往的《尚书》学研究中已有学者注意到战国时期儒家以外的其他学派也对《尚书》做过整理工作,如刘起釪曾表示"墨家也把《书》篇作为主要读本"并对《尚书》大加利用,并提出:"对于《书》的搜集编排不止儒家一家,……有的或且过之。"①现在清华简《说命》三篇的情况反映出早期《尚书》文本确是具有某种多元性的,而简本《说命》三篇本身则更可能是《尚书》成书过程中出现的某种未知文本,从总体上说明刘先生早年的推断是有一定道理的,而这归根结底也有助于人们看出《尚书》成书

---

① 刘起釪:《尚书学史》,中华书局1989年版,第12页。

过程确实不是单线性的,而是带有某种多元或多线性的。

二、古代传说资料形成过程同样具有多元性

我们注意清华简《说命》三篇和《金縢》等所反映的古书成书过程的复杂情况,最重要的意义就是从古书成书的角度进一步看清,将古书中披露的大量传说资料理解为是在某种单线的过程中形成的(例如说是"层累地形成的")是有很大风险的。因为古书形成过程本身就不是单线性的。我们已经看到,即使是像《尚书》这样的古书,其成书过程也呈现出明显多线或多元的特征,而这种多线性或多元性还不仅仅表现在不同文本字句、语序和篇题的差异上,在有些个例中甚至还表现为古书内容上有较大的不同(如上述清华简本《金縢》与今传本《金縢》内容的差异)。这就是说,不同古书中相近和相关的记述内容之间在发生上的关系也并非一定是单线性的,而也可能是多线或多元性的。当然,不同古书的成书过程不会是完全一律的,所以对于《尚书》成书过程中复杂情况的认识并不能完全代表所有古书成书过程的全部情况。但从《尚书》成书过程的分析中并不能看出古书成书中单线性过程的存在和表现,这一点对我们准确地理解传说资料形成的真实过程还是非常有启发的。因为在这种情况下,要想把大量不同古书文本中记述的传说资料解释成是在一个统一构想的支配下,沿预先有设计的轨迹而形成的特定内容组合,就非常困难。而既然古书成书过程是具多元性的,那我们也就连带地必须认真对待古代传说资料的形成过程中同样可能存在的多线或多元性的问题,甚至应当突出地来确定这一点。但是这个认识,在过去对古书成书过程缺乏更准确和完整了解的时期,是不太能被看出其重要性及合理性的。在早期的某些研究中,例如在《古史辨》中,这种认识基本上不存在。而值得注意的是,就是在对古书成书问题的研究已经有了重要新成果的今天,我们仍然还

可以看到有些研究实际上还是习惯于以古代传说资料呈单线性形成的认识来评论传说资料的品质和价值。以这样的判断为基础来开展传说时期历史的研究无疑是有问题的。因此在这个问题上开展进一步的讨论还是有其意义的。

在此我想以黄帝传说的问题为例来说明这一点。在对传说时期历史研究中，关于黄帝传说的形成过程及性质的判定是一个很有代表性的难题。在以往的研究中，出于对这类资料发生的总体上的不信任，"疑古"学者在这个问题上首先和最为强调的一点是：关于黄帝等这些活动于古史极早年代人物的传说的出现却是很晚的。如童书业说："黄帝、颛顼、帝喾等传说之起很晚。"①就是最明确的一例。顾颉刚先生依据对晚至骃衍的各种材料的解读提出黄帝成为传说人物之第一人须在"战国之末"②。所持立场是同样的。"疑古"学者的这些结论是要证明，不仅黄帝传说的发生与黄帝本身活动的时代相距甚远，而且其被作为古史传说中活动年代最早的人物之一也是很晚时期才有的事情。于是黄帝传说作为真实史事反映的可能性是非常低的，甚至根本没有。这种推断，就是很典型地以一种单线性演变的关系来理解黄帝传说资料发生过程的方法的体现。因为依照"疑古"学者单线性演变关系的逻辑，晚出的传说资料一定是在早出资料演变基础上形成的，既然黄帝传说资料最早的出现也已经是很晚时期的事情，那么它发生在历史很早时期的可能性就不存在了。但正是在这一点上，"疑古"学者的方法是未经证明的。与黄帝传说发生过程有关的问题远比其推断的要复杂。

例如，我们知道，《国语·鲁语》和《礼记·祭法》都提到有虞氏和三代王室祭典的内容，且都提到了黄帝，但对有虞氏祭典内容的具体

---

① 童书业：《"帝尧陶唐氏"名号溯源》，《古史辨》第七册（下），上海古籍出版社1982年版，第16页，注九。
② 参见郭永秉：《帝系新研》，北京大学出版社2008年版，第151页。

提法则有不同。《鲁语》是说"有虞氏禘黄帝而祖颛顼,郊尧而宗舜",而《祭法》则说:"有虞氏禘黄帝而郊喾,祖颛顼而宗尧。"也就是,《祭法》中有喾,而《鲁语》没有;《鲁语》说"郊尧""宗舜",《祭法》则说"宗尧"而没有舜。对这里的差异应如何解释呢?对此,"疑古"学者的方法便明显是单线性的,即认为《鲁语》同《祭法》之间在发生上一定是有某种关系的。如童书业就认为这里的不同是"《祭法》变换了《鲁语》之文",并解释说:"因为他们(《祭法》作者——引者)想,有虞氏(指朝代)到舜已绝,那末那里还有有虞氏来宗舜呢?所以他们在这个有虞氏的祭典中把舜除去,添了一个喾,……理论是圆满了,但是有虞氏却白白的添了一个喾的祖宗,而尧又不幸由郊降而为宗了。"①但这样的解释很显然只是出于推测,是研究者依照自己的理解将不同传说内容的关系放到了一个表现为传说内容元素演变过程的脚本中。而按照这样的解释,《鲁语》和《祭法》的记载就主要和更多反映的只是其各自作者的理念或意图,对其中包含的传说时期史料品质的认定是非常低的。但这种方法缺乏依据和有力论证的弱点是显而易见的。

为说明这一点,可以注意到在《鲁语》与《祭法》对上古祭典记述的不同中,还包括对商人祭典的记法,其中《鲁语》说到"商人禘舜",而《祭法》却说是"殷人禘喾"。徐旭生早年曾对两者的关系作如下说明:"《国语·鲁语》上写的清楚,并无错误。可是自从韦昭注《国语》,就自破藩篱,说舜为喾的误写。此后大家对于《国语》商人禘舜的说法几乎完全忘掉。"②徐先生指出的韦昭注的依据恰恰是《礼记·祭法》(韦注以《鲁语》"舜,当为喾,字之误也"),而从徐先生的评论中可以看出,在商人与喾有关这个问题上,《祭法》的影响反而大于《鲁语》。实际上直至近代情况也还是如此,例如王国维在对殷先公、先王的研究中是认

---

① 童书业:《"帝尧陶唐氏"名号溯源》,《古史辨》第七册(下),上海古籍出版社1982年版,第16页。
② 徐旭生:《中国古史的传说时代(增订本)》,文物出版社1985年版,第71页。

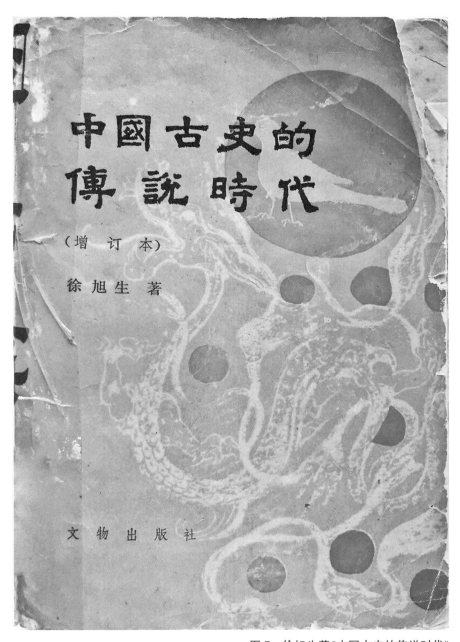

图 7　徐旭生著《中国古史的传说时代》

可訾为商人先祖的,徐著也提到了这一点①。可见《礼记·祭法》的记述至少自韦昭时代起就不被简单地认为是对《国语》有关内容的改写,反而是《国语》文本被认为有误。王国维以訾为商人先祖,实际上包含了对《鲁语》和《祭法》内容各自可靠性的判别,表明这两个传说资料文本之间的关系是复杂的,绝不只是后者对前者的所谓"变换"等等。由此可以进一步看出。在古代传说资料发生和形成过程的关系的问题上,那种根据单线性演化理论所作的解释,其资料和逻辑基础都是不充分和不严谨的。

《鲁语》和《祭法》所透露的这些内容珍贵的传说时期史料的真正价值应通过更完整和深入的分析来研究。在这一点上,近年有学者说"《鲁语》和《祭法》的不同究竟反映了什么问题,有待于进一步研究"②,应该是很正确的。"疑古"学者早年研究方法的根本问题是在于其习惯性地将古代传说资料间关系看成是某种假设中的单线性演化过程的关系。而从我们对《尚书》成书过程中文本形成中复杂的多元化情况的了解来看,《鲁语》与《祭法》有关内容上的不同是不能排除与古书文本形成中的复杂情况相类似,同样也与有关资料发生上的多元性有关的。"疑古"学者以单线性演化观点解释传说资料发生问题的方法在近代对中国传说时期研究的早期有相当大影响,迄今对于这种方法错误的原因和纠正的要点也还不是所有人都明确和认可的,所以在当今的有些研究中我们还是不时可以看到这种简单方法的表现,而对这种简单方法的沿用在当前对传说资料形成问题的研究中将继续产生不利影响。例如在近年一些涉及黄帝传说性质问题的研究中,我们看到虽然研究者总体上对于方法问题有相当严谨的要求,却还是会在缺

---

① 徐旭生:《中国古史的传说时代(增订本)》,文物出版社1985年版,第71页。又按,李零也提出过"《鲁语上》'商人禘舜'似是'商人禘嚳'之误"(李零:《考古发现与神话传说》,《李零自选集》,广西师范大学出版社1998年版,第71页)。

② 郭永秉:《帝系新研》,北京大学出版社2008年版,第152页。

乏必要证据的条件下不经意地以单线性演化的概念来解说有关问题。我觉得在这方面引起研究者注意还是很必要的。

众所周知,在黄帝传说问题研究中,黄帝传说的属性问题是最为人们所关注的,对整个传说资料研究有示范的意义。而早年《古史辨》学者是普遍相信传说中的黄帝是由神演化为人的,实际上等于否定黄帝传说可能与真实存在过的远古人物或远古人群的指代有关。杨宽的《中国上古史导论》中关于"黄帝与皇帝"的论述,可说是这一论点的最详尽、深入的论述①。而在黄帝本属神性说的基础上,《古史辨》学者逐步构建起作为传说人物的黄帝由神("上帝""皇帝")向远古人主和古代王室的"祖先神"演化的过程。上文提到顾颉刚依据骆衍所谓"先序今,以上至黄帝,学者所共术",断言"当战国之末,'学者所共术'之古史,其最早一人为黄帝"②,意思也就是黄帝被当作历史人物须是战国末期才有的事,在此之前则固然只能是神话而已。这就是《古史辨》学者努力构建古代记述内容元素沿单线轨迹演化图景的一个典型代表,但其中证据上的缺环是很多的。我在多年前曾有一篇小文指出:以"'黄帝'实出'皇帝'之变字(通假字)"并不能成立;而"黄帝"也并不是"帝"演化的结果;甚至包括甲骨文在内的资料中的"帝"的起源也有具有"人性"(而非必"神性")背景的迹象③。虽然有关的问题是可以再讨论的,在黄帝传说性质的问题上也还有许多难点和空白点需要继续深入研究,但《古史辨》学者早年构筑起的那种具单线性特征的传说资料演化理论过于简单化,并且明显证据不充分,这一点还是应当看到的。而且当前仍应当特别应该注意的一点是,对于我们客观地分析黄

---

① 杨宽:《中国上古史导论》,《古史辨》第七册(上),上海古籍出版社1982年版,第189—209页。
② 顾颉刚:《战国共术之古史》,顾洪编:《顾颉刚学术文化随笔》,中国青年出版社1998年版,第255页。
③ 参见谢维扬:《关于黄帝传说的"人性"与"神性"问题》,吕绍纲编:《金景芳九五诞辰纪念文集》,吉林文史出版社1996年版,第175—189页。

图8　陈侯因资敦
集成 04649，铭图 06080

帝传说的发生及其属性问题干扰最大的,也还是由《古史辨》研究所极力主张的这种单线性演化的理论。

例如,当发现早期器物上有记述黄帝的文字后,从一般的研究方法的要求出发,研究者应当首先将其作为一件有独立来源的资料对其做完整的考察,以最终确定其史料意义,而战国青铜器陈侯因𩨄敦就是这样的一件资料。我们注意到有的学者在有关研究中,提到"目前所见最早谈到'黄帝'的出土文献是战国是齐威王因𩨄(齐)所作的陈侯因𩨄敦"(铭文中有:"其惟因𩨄,扬皇考,邵(绍)緟(縴?)高祖黄啻(帝),屖(纂)嗣桓、文"),但其评论则是:"齐威王所处时代是战国中期,可见至少在战国中期,黄帝在某些地区已经由上帝(皇帝)变为祖先神了。"①其实如果将陈侯因𩨄敦作为具独立来源的资料来看待,其提及黄帝的内容本来可以是表明黄帝传说的发生可能具有人性背景的一项有重要参考价值的线索或证据。正如该作者同时所引的丁山的评论所说:敦铭固已表明"黄帝之为人,更不得疑其子虚乌有,谓非故帝王也"②。丁山之说的重要理由显然是出于对古代有关礼仪的严肃性的体认。尤其是对于祖先的追认和祭奠,在三代文化中的严格要求是极为突出的。因此对丁山这样的判断并没有很好的理由决然地否定,而是应值得重视。我们现在对于战国中期齐国王室对祖先祭典(包括纪念)礼仪规定的意义以及有关仪节的做成和施行细节,还不能说已全盘了解,所以就更没有明确的理由将敦铭提到"黄帝"并称之为"高祖"乃是出于古代礼制的严肃要求的可能性完全否定掉,至少应当谨慎地对待敦铭的真正意义的问题。所以未经严格论证就先断定敦铭所说一定是攀附之词,显然有过于轻率之嫌。上述学者的评论,在这里很明显是受到《古史辨》单线性理论的影响。所谓"黄帝……由

---

① 郭永秉:《帝系新研》,北京大学出版社2008年版,第152页。
② 郭永秉:《帝系新研》,北京大学出版社2008年版,第153页注四。

上帝(皇帝)变为祖先神了"这个说法本身已经表示作者对于《古史辨》学者描绘的传说故事元素关系图是认可了,而这幅关系图的理论主旨就是传说资料的单线性演化。然而我们已经说过这些都是远未经过严格的论证的。在这个例子上还应注意的是,它不仅认可了以传世文献记述为对象的单线性理论,甚至还将三代的实用性文字资料也涵盖其中,使单线性演化过程涉及的文字资料范围扩展到最大。由此需要说明的问题会更多。这样不仅会进一步导致对于因古书形成过程中文本问题而产生的传说时期资料间的复杂关系不可能有清晰、准确的分析,而且对于由不同载体形式保存的大量传说时期史料的真正意义和价值,也将由于受过于简单化的单线性演化理论的影响,而失去正确认识的机会,尤其是完全没有能看到传说资料形成中也存在多元性过程的问题。从对包括清华简《尚书》文本在内的古书成书过程复杂情况的认识中给我们最大的启示就是,对于形成过程本来就更为复杂也更少确知的传说时期史料的问题,如果仍然坚持某种单线性演化理论的解释方法,很可能会造成研究中更长久的失误。传说资料形成过程中存在的多元性特征,应该是我们今天讨论传说资料地位和价值问题的一个认识上的起点。

三、中国古代传说记述系统多样存在的意义

我们现在强调传说资料发生和形成过程的多元性问题,是因为需要廓清以往研究中的较为简单化的单线性演化理论对传说资料研究的影响。但这个事实本来是非常容易看到,其特性也并不难以说明。近代以来,包括近三十年来,有许多研究实际上都在不同的重点上指出了这一点。

例如二十世纪九十年代李零在分析东周的"帝系"资料时提出,这些资料"主要分两大系统:(一)《世本》和《大戴礼》等书的五帝系

统。……(二)《封禅书》、《吕氏春秋》十二纪、《月令》和《淮南子·天文》等书的五帝系统","此外《易·系辞上》和《战国策·赵二》还有一种包括伏羲、神农、黄帝、尧、舜的帝系"①。虽然这里提到的古书的年代都并不及于传说资料发生的时代,但这种分类实际上是针对了古代传说资料发生和形成过程中存在的多元的现象是显而易见的。李零对东周传说资料文献分出这样两个(实际上是三个)"系统",无疑首先是肯定了传说资料在发生上并不是单线的,但同时也关注到不同传说资料在对特定传说内容元素表达上可能存在的联系,而这对于准确把握传说资料的史料品质是有重要意义的。正是根据这一分类的认识,在对上文讨论过的陈侯因𰻞敦进行评论时,李零认为敦铭"称黄帝为陈齐的'高祖',正合于《国语·鲁语上》……的禘祭系统,显然就是按上述第一种帝系而串联"②。我们知道,《国语》成书是有一个复杂过程的。有学者认为,《国语》"并非史料原貌",而是"已编撰成书"的,而《国语》的编成"至少当在公元前243年前(按指汲冢古书入土的魏安釐王卒年——引者)"③。这是目前在《国语》成书问题上比较平实的一种看法,据此《国语·鲁语》的成书便不一定早于齐威王婴齐(即陈侯因𰻞)在位年代(公元前356—前320年),所以陈侯因𰻞敦套用《鲁语》内容的可能性很小,但作为《鲁语》成书基础的"史料原貌"是应该早已存在的。因此陈侯因𰻞敦与李零所谓"第一种帝系"的"串联"指的应该是齐王室对所授受的某一系统的上古帝系资料内容的认可和表达,而不仅仅是对某些古书内容的套用。这也就是我们前面说到过的,古代王室铭文作为实用性的文字资料,有遵从古代礼仪和贵族血缘关系

---

① 李零:《考古发现与神话传说》,《李零自选集》,广西师范大学出版社1998年版,第70—71页。
② 李零:《考古发现与神话传说》,《李零自选集》,广西师范大学出版社1998年版,第72页。
③ 张以仁:《论〈国语〉与〈左传〉的关系》,《张以仁先秦史论集》,上海古籍出版社2010年版,第69页。

规范的要求,其生成的动机并不能简单地看成与一般的著作活动雷同。从这一点来看,陈侯因资敦在记述传说时期史实方面作为有独立来源的资料的品质至少在目前还是不能截然否定的。

古代传说资料发生和形成系统的整个情况非常复杂。上述李零对传说资料系统的分类基本上针对的还是先秦中原范围内的主要代表性案例,大体上也还都是属于所谓中原的记述系统,并不代表古代传说资料发生和形成关系的全部情况。许多学者也都就这方面情况提出过重要的看法。如李学勤在论述《帝系》传说与蜀史的关系时,提到"蜀原有独立的起源,后与昌意(依《帝系》为黄帝子——引者)至颛顼一系发生了联系"①,而这些与《华阳国志》以及《蜀王本纪》的记述很有关系,所以李先生认为:"《蜀王本纪》《华阳国志》之说,都表明蜀有非常悠久的历史,可作为《帝系》的补充。"②但是《蜀王本纪》和《华阳国志》都很晚成书,分别为东汉扬雄和东晋常璩所著,但如果它们关于蜀地早期历史的记述有与中原传说记述系统相合和为之补充的内容,那么也可以看出这些记述不仅应该是有另外的来源,而且这些记述内容在发生上具有真实史实背景的可能性也是不能截然否定的。虽然我们现在还无法说清这些资料与其他有关传说资料间真正的关系,但完全可以肯定它们是古代曾经出现过的又一宗古史记述系统的表现。

在古史记述系统多样存在的问题上,还有一个内容更为复杂的例子,其意义也非常令人深思。这就是徐旭生在讨论炎黄以前古史系统问题时提到的,在西汉中叶以后出现的一种《春秋》纬书《命历序》中有一套具有极其庞大记述框架的关于古史的"伟大"系统,本书已佚,但

---

① 李学勤:《〈帝系〉传说与蜀文化》,《走出疑古时代(修订本)》,辽宁大学出版社 1997 年版,第 219 页。
② 李学勤:《〈帝系〉传说与蜀文化》,《走出疑古时代(修订本)》,辽宁大学出版社 1997 年版,第 219 页。

引见于《广雅》《金楼子》《礼记正义》《三皇本纪》《通鉴外纪》《路史》等各种古书,其将整个古史分为"十纪",时间跨度"从天地开辟到鲁哀公十四年西狩获麟……为二百七十六万岁",涉及传说时期的内容远超出五帝的范围,甚至"也不满于有巢、燧人、伏羲、女娲、神农等传说"①。由于是汉代纬书资料,这套系统向来不被研究者看重是自然的。我也曾就《命历序》记述的品质有一个总的分析,即"《命历序》的传说内容基本上不是历史性的记载"②。然而《命历序》的这套古史记述系统中有许多内容同其他一些古书所记述的传说资料有交集,其中的意义还是值得注意研究的。如按徐旭生的考证,《命历序》系统中"禅通纪"的"前十六氏"是一个"古代相传的间架",而对这一间架予以记述的"我见到最古的就算《庄子·胠箧篇》",有关的文字是:"昔者容成氏、大庭氏、伯皇氏、中央氏、栗陆氏、骊畜氏、轩辕氏、赫胥氏、尊卢氏、祝融氏、伏羲氏、神农氏……"③《庄子》这一篇属外篇,作者并不能确定,但文字应不晚于战国。可见《命历序》的取材在时间上还不是太晚的。但是对于如《庄子》这段文字所表现的传说内容究竟如何看待很久以来并无好的依据。然而本世纪初上博简《容成氏》的发表使我们对这个问题的认识有了突破性的进展。《容成氏》有篇题,写于53简背面,说明已残缺的正文开首部分应就是"容成氏",故廖名春据《庄子》《汉书·古今人表》《六韬》《帝王世纪》等有关文字将残简补为"昔者容成氏、大庭氏、伯皇氏、中央氏、栗陆氏、骊畜氏、祝融氏、昊英氏、有巢氏、葛天氏、阴康氏、朱襄氏、无怀氏、尊",下接现存的"卢氏、赫胥氏、高辛氏、仓颉史、轩辕氏、神农氏、浑沌氏、伏羲氏"④。而在记述极早时期人王这部分内容之后,《容成氏》则以更多文字讲述了属于"五帝"范围的

---

① 徐旭生:《中国古史的传说时代(增订本)》,文物出版社1985年版,第242—243页。
② 谢维扬:《中国早期国家》,浙江人民出版社1996年版,第89页。
③ 徐旭生:《中国古史的传说时代(增订本)》,文物出版社1985年版,第253页。
④ 参见廖名春:《读上博简〈容成氏〉札记(一)》。

尧、舜、禹之史事（还可能有誉及颛顼）①。《容成氏》内容上的这些表现使我们明确到以下三点：（一）构成《命历序》"禅通纪"内容的《庄子·胠箧篇》对最古时期传说的记述并不是源于庄子的创作，因为《容成氏》简引用《庄子》的可能性几乎为零，况且两者在细节上并不完全雷同，这说明这部分传说内容虽然就传世文献而言我们目前最早只见于《庄子》，但它们可能有更早的来源；（二）由于《容成氏》全部内容是将所谓中原记述系统（包括李零所提的第一至第三种系统）中的传说内容以及之后三代历史的内容与对远超于这类系统范围之外的众多极早时期人王记述的另一系统融合在一起，因此《庄子》所代表的传说记述系统至少在上博简时期是同样被世人所利用并信从的，同时其在发生上也完全不能确定为只是出于著作性的动机，这不仅说明各传说资料形成系统发生作用以及相互渗透的情况是极为多样和复杂的，而且从总体上对多样存在的各传说系统记述内容中真实史事背景的存在可能引导更积极的估计；（三）虽然从内容和形式上看，对于传说的所谓中原记述系统与上述见于《容成氏》及《庄子》等古书中对极早时期传说记述的系统有巨大差别，但是两者在所接纳的传说内容元素上是有许多交结点和相互流动的，这从上面对《容成氏》的简单介绍中并不难看出，而在看清记述系统分化的总前提下，同一传说内容元素在不同传说记述系统中的分布反而有利于说明相关资料在生成上可能拥有的真实的基础，同时也有希望以一定的方法对真正具有史料品质的传说内容作合理的鉴别。以上这些认识我想对于深入探讨传说资料形成及其品质问题无疑是有意义的。

当然，除了以上论及的各样传说记述系统外，《山海经》也是非常值得重视的这类记述系统中的一个。其不仅在成书问题上与上述所有古书的成书有巨大区隔，也就是看不出它们之间在发生和流传上真

---

① 参见马承源主编：《上海博物馆藏战国楚竹书（二）》，上海古籍出版社2002年版，第249页。

正的关系,其体例和内容也是独特的,但也绝不是纯神话学的作品,而是融有大量传说时期乃至三代历史时期史事内容的元素的,从传说资料研究的角度,应当看作是有独特意义的古代又一传说记述系统的结晶。而《山海经》内容的突出一点就是它所包含的传说及古史内容元素有许多都可以与其他传说记述系统的相关内容相比较乃至印证。

在多样存在的传说记述系统的问题上,我们还必须着重提到自二十世纪末以来在多件新出土实用性器物上、包括在少量传世器物上发现的一批属于古代实用性文字资料(青铜器铭文和记录实用性文字的简策)的有关传说时期人物和事件的记述,这些都必须认真地看作是多样存在的传说记述系统的又一大宗。据不完全归纳,我们现在看到的这类资料就有:记有"黄帝"的陈侯因咨敦(已见上述),记有"禹迹"的秦公簋[1],记有"陆终"的邾公釛钟、邾公镈[2],记有楚先"老童"及陆终裔"祝融"的包山简和望山简[3],记有黄帝裔"颛顼"及"老童""祝融"的新蔡简[4],以及记有黄帝裔"高阳(颛顼)"的秦公编磬等[5]。所有这些资料的载体都不是古书,所以没有著作性的动机,虽然其做成年代距所记事主已极其遥远,完全复原其来历可能性很小,但相对记述相关传说内容的古书类资料而言,它们所记述的这些内容来自各具独立来源的远古资料的可能性更大。这是这部分传说资料较之古书资料具有更特殊价值的一个方面。

中国古代传说资料形成过程的多元性,以及古代传说记述系统多样的存在,对于传说资料研究而言,其最深刻的意义是在于有利于表

---

[1] 参见中国社会科学院考古研究所编:《殷周金文集成释文》,第三卷,香港中文大学中国文化研究所,2001年,第444—445页,4315。
[2] 参见王国维:《邾公钟跋》,《观堂集林》卷十八,中华书局1959年版,第894页。
[3] 参见湖北省荆沙铁路考古队:《包山楚简》,文物出版社1991年版;湖北省文物考古研究所、北京大学中文系:《望山楚简》,中华书局1995年版。
[4] 参见河南文物考古研究所:《新蔡葛岭楚墓》,大象出版社2003年版。
[5] 参见李学勤:《秦公编磬的缀联及其历日》,《夏商周年代学札记》,辽宁大学出版社1999年版。

图 9—图 12　郏公釛钟　上海博物馆藏

明古代传说资料作为整体在本质上是具有真实事实来源的。现代古史史料学的要求应当包括真正重视古代传说记述系统的多样存在,其原因即在于此。原因很简单,由不同独立来源生成而内容相关的证据资料是能够互为证据的。如果我们能完整地证明以上提到的各种不同系统的传说资料记述文本确是各具独立来源和形成路径,也不具有相互承继关系,那么其所记述的内容具有真实史事背景的可能性当然会大大增加。王国维当年提出著名的古史研究之"二重证据法"概念时,其所针对的并不仅仅是新获殷墟卜辞与《殷本纪》间有相互印证或补充的关系,实际上还针对了上文曾提到的、当时尚未在学界引起足够重视的传世器秦公簋铭文述及"禹迹"的事实。在王国维看来,秦公簋述及的"禹迹""即《大雅》之'维禹之迹',《商颂》之'设都于禹之迹'",并解释说:"《诗》言禹者尤不可胜数,固不待藉他证据。然近人乃复疑之,故举此二器(按指秦公簋与齐侯镈钟——引者)。"① 这正说明了非古书类文字资料对相关内容传说有一定证明力的情况。王国维的"二重证据法"思想,绝不只是简单和片面地主张文献资料的真实性必须要有地下出土资料的印证,他其实是肯定古书记述本身作为有独立来源的资料,其真实性是自带的。在提出"二重证据法"这个概念时,他首先对于地下材料能佐证古书内容的一面予以充分肯定,谓:"吾辈生于今日,幸于纸上之材料外,更得地下之新材料。由此种材料,我辈得据以补正纸上之材料,亦得以证明古书之某部分全为实录,即百家不雅驯之言亦不无表示一面之事实。"但紧接着他给出了关于古史研究证据思想的完整表述:"虽古书之未得证明者,不能加以否定;而其已得证明者,不能不加以肯定,可断言也。"② 说明他认为古书

---

① 王国维:《古史新证》,谢维扬、房鑫亮主编:《王国维全集》,第十一卷,浙江教育出版社、广东教育出版社 2009 年版,第 244—245 页。
② 王国维:《古史新证》,谢维扬、房鑫亮主编:《王国维全集》,第十一卷,浙江教育出版社、广东教育出版社 2009 年版,第 241—242 页。

资料的真实性本身并不因有无其他来源资料的印证而消长,而"二重证据法"的本质正是使来源不同的相关证据资料相互证明的作用得以发挥。在王国维看来,相对纸上材料,地下材料就是具不同来源的、属其他记述系统的证据资料。这也正是我们需要特别重视对传说记述系统多样存在的意义做真正深入研究的原因。当然,我们现在应当注意研究的具不同独立来源的传说记述系统,远比王国维当初提到的要更多、更复杂,不仅纸上和地下资料是不同的系统,不同古书或古书文本组合之间也可能是不同系统,著作性资料与实用性资料之间则也是如此。但有一点应该看到,那就是由于每一个记述系统都可能在一定程度上是具独立来源的,中国古代传说记述系统多样存在的最明确意义就在于说明古代传说之总体是有高度真实事实背景可能的。我认为这应该是传说时期研究史料学关于传说资料品质可以确立的一个基本概念。

中国古代传说资料研究的任务仍然十分艰巨和复杂。而今天我们可以确信有理的研究方向是:摆脱以单线性演化假说为依据的简单方法,致力于深入探讨各不同传说记述系统间在内容和文本形成上的真实关系,廓清其不可肯定或可作其他性质说明的部分,从而逐步检出能确实能够作为传说时期历史研究史料并明确其完整意义的资料。这不仅需要依靠加强对传世和出土的各类文献和文字资料的研究,更重要的是需要研究者真正理解中国古代传说资料发生和形成过程的特点。

(原刊于《学术月刊》2014年第9期)

儒学对中国古代文献传统形成的贡献

随着近年来人们越来越多地看到和了解中国先秦时期文献资料的实物，对于中国古代文献形成和发展的具体情况人们也有了更深入的认识，对于古代文献研究的基本问题有了更多新的理解。例如人们已经开始认识到大部分古代文献文本的形成都是经过十分漫长而复杂的过程，同时也可能有众多人手参与到有关文献文本作成的过程中，因此其所谓著作年代或作者问题也远不如较晚时代的古书那样有较为简明的结论。再比如，人们也开始比较确定地看到一些过去被怀疑出现较晚的记述内容元素实际上在较早的文献文本中已经可以看到了，而这些记述所反映的古代事实的发生则可能更早，等等。当然，在对古代文献问题的新认识中，特别值得提出的就是现在学者们比较清晰地认识到，中国古代文献不是一些相互孤立的资料，它们中有许多在发生上和使用上都有着深刻的联系。也就是说，在中国古代的发展样式上，古人对古代事实和人们言论的记录和阐述，是在一种有完整联系的制度下发生和展开的，所有古代文字资料的内容和形式，都受到古代中国已经形成的某种规范的文字记录与流传机制的支持和制约。对于学者来说，在对古代问题的研究中，上述看法的一个重要意义就是：在将古代文献作为史料来对待的问题上，合乎要求的做法是要把所有的讨论都放在对中国古代文献整体及其相互关系深入了解的基础上来进行。那种根据局部的、片断的、孤立的特征来处理早期文献问题的做法并不能真正解决与文献有关的古代问题，也不会使我们对于古史史料学建设的目标有较之前人更准确的认识。所以关于中国古代文献发生上的某种整体性的特征的认识，在对古代问题的研究中，是帮助我们形成更合理研究方法的重要基础。而对于古代文献的这种整体性特征的认识，还有另一层重要的意义，那就是可以帮助我们来进一步观察整个中国古代发展的某些特征。其中就包括中国古代所形成的所谓文献传统。

中国古代的发展有一个值得人们高度注意的特征,那就是文献在中国古代生活中发挥着特别重要的作用。这一现象有非常悠久的渊源。从对先秦时期历史的记述中,我们已经可以看到这一特征的主要表现。例如,中国古代王朝很早就建立了对所有重要事件、常规事件以及重要言论进行记载的原始资料记录系统(由古代史官制度所支撑的),应该也很早就拥有了很高水平的资料整理系统(由此很早即有实用文献文本和古书的出现),同时逐步形成了某种有效的资料著录系统和检索方法(构成目录学的雏形和对古书引用的传统),以及对于文献活动的一定意义和水平上的批评系统(见于史官职业准则的形成和非官属著作活动的出现),而更重要的则是在所有这些发展的基础上,逐步形成了文献在国家政治活动中所拥有的崇高地位和极其重要的作用,等等。对于所有这些表现,我们都不难看出它们在同世界其他地区的比较中,是非常具有特征性的。对于中国古代发展中的这些非常具有特征性的现象,我曾把它们称作中国古代的文献传统[①]。当然,在上述所有这些特征中,最值得注意的是最后一条,也就是文献在国家政治活动中拥有崇高地位并发挥极为重要的作用。对于中国的发展而言,这一条是经过了非常漫长的积累和变化才得以实现的。而在世界历史范围内,由于中国最终使文献在国家政治运作中发挥如此重要的作用,也使得中国古代的发展明显不同于世界其他地区之古代文明。尤其是当这种文献传统最终形成后,文献在古代中国国家政治活动中的地位和作用便表现为某些特定文献的组合,甚至成为论证国家活动合理性乃至国家权力之合法性来源的依据。这种关系,在世界文

[①] 参见上海大学古代文明研究中心、清华大学思想文化研究所编:《上博馆藏战国楚竹书研究》,谢维扬《序》,上海书店出版社2002年版,第2页。

化史范围内,便几乎可以说是仅见的。这对于整个中国古代历史进程与世界其他地区间出现种种差异是有着至关重要的影响的。所以在中国古代,文献在历史中所起的独特的作用便成为理解中国古代发展全部特征的关键性认识之一。

毫无疑问,中国古代的文献传统是在十分漫长的历史时期中逐步形成的,其在不同时期历史中的表现和所起的作用也并不完全相同。儒学当然不是它的始创,但是儒学对这个传统的最终形成是起了重大作用的。也就是说,如果没有儒学的贡献,我们现在观察到的古代文献传统很可能不会最终形成;即使形成,其形态、性质和作用也可能大不相同。因为儒学在这方面可以说做出了无可替代的工作。了解这一点,不仅对儒学本身的历史地位可有更深刻的体认,对于古代文献传统形成的过程和原理也可以有更准确的认识。以下,本文拟从几个方面作一些初步分析。

一、儒学与中国早期文献文本的形成

在儒学与中国古代文献传统形成的关系上,首先应看到的是,儒学对中国早期重要文献文本的形成是做出重要贡献的。

中国古代最早的文献文本的出现,从古人的记述中看,似可远追至夏商时期。《国语·晋语四》提到晋文公时阳人"有夏商之嗣典"。韦昭注:"言有夏商之后嗣及其遗法。"如果韦昭的读法无大错,《晋语》所说的"典"就可以看作是源自夏商时期的一类文献。但严格地说,《晋语》的记法尚不足以表明真正的文献文本在夏商时期是否已有出现,因为此时已去古太远,所谓"夏商之嗣典"完全可能只在内容上与古有联系,至于文本的情况则根本不清楚。但在《尚书·多士》中说道:"惟殷先人,有册有典。"这应该可以理解为是提到了商朝时已有文献文本存在。伪孔传读《多士》上句为"言……殷先世有册书典籍",意思与此是一致的。这种极早期的文献文本的作成,当然不能说与儒学有任何关系。事实上,在儒学形成初期的春秋时期,古代文献文本在种类和数量上均已达到十分可观的发达程度。姚名达早年在其《中国目录学史》中曾罗列"孔子以前典籍"存在的情况,其首先提到的是最为人熟悉的众多"书""诗""春秋"类文献的存在,其次还提到大量以"典""志""法"等称名的文献也已存在,且均被频频称引,当然还有更多以各种其他名称命名的文献(如《夏训》《周制》等等)①。姚著所说的这些情况即以今天的标准来验证也是没有问题的。所以就古代文献文本做成的整体成就而言,最先有功劳的显然并不是孔子或儒学。但从古代文献传统发展的全部过程来看,儒学在这方面还是作出了极为关键的贡献。这指的是儒学为古代文献传统的最终形成整理出最重要的一些文献文本,而以这些文献文本为核心,儒学贡献了支撑古代文献传统发生作用的完整的、有力的记述和论述基础。

自二十世纪七十年代以来,由于对大批新出土古代文献文本资料的研究取得重大成果,人们对古书成书的真实过程有了更深入、准确的了解,其中的进展是前所未有的。其中最值得一提的一个重要认识就是前文已经提到的,所有先秦古书的成书都经过一个十分复杂而漫长的过程,而绝不类于晚世书籍成书时的简明过程。许多先秦古书在面世后很长时期内都仍然经过众多人手的再作,而许多古书也在很长时期中并无所谓正确和标准的文本。古书在实际流传中所出现的抄本,从已发现的实物资料看,并不区分具有所谓"版本"意义的文本的抄本和仅为人们自用而制作的一般的抄本。甚至在很多情况下,许多文本中古书内容的编排也非常随意和机动,应属于不同古书的篇章可任意地组编在一个文本中。这种情况延续

---

① 姚名达:《中国目录学史》,上海古籍出版社2002年版,第24—26页。

了很长时期,甚至直至汉代仍然可以看到这种情况的某些表现。但是改变这种情况的过程至少在春秋晚期也已经开始。这指的就是孔子和儒学在古代文献文本整理上所做的工作。在古书文本形成的尚较原始的阶段上,儒学的一个特殊贡献正是为一些重要的古书在形成其较重要和确定文本方面做出了重要成绩。比如《春秋》,众所周知,是在孔子之前就已有的一类古代文献。《孟子·离娄下》提到过"鲁之《春秋》",《左传·昭公二年》也提到过《鲁春秋》,都是指鲁国早有的这类文献。而孔子很可能对《鲁春秋》做了文本修订的工作。应该说他的工作的实质是试图为《春秋》确定最终被认可的文本。顾炎武曾认为孔子所修订的《春秋》文本,"自惠公以上之文无所改焉,所谓'述而不作'者也;自隐公以下则孔子以己意修之,所谓'作《春秋》'也。然则自惠公以上之《春秋》固夫子所善而从之者也,惜乎其书之不存也"。① 依顾说,孔子对《春秋》所做的改动只在隐公以下部分,这应有待于证实。从今传《春秋》的面貌看,孔子所做的改动也可能涉及对惠公以上部分的去除,如果这样,应该是反映了孔子的某些意图。而孔子对《春秋》文字所作的"笔削"也是有众多证据的。所以孔子对《春秋》作过整理的工作应该是可以确认的。孔子工作的成效是可观的,因为经其修订的文本最终得以传世,这无疑表现出孔子及儒学对早期文献文本形成所起的重要作用。

学术界对于孔子或儒学与其他一些先秦重要古书成书的关系则有更多的讨论。例如关于《尚书》,尽管司马迁和班固在《史记·三代世表序》《孔子世家》和《汉书·艺文志》《儒林传》中都非常肯定地说到过孔子对其做过编次及整理的工作,但学术界对此说还是有很大的保留。这主要是因为目前确实还未能找到比《史》《汉》更早的说明孔子

---

① 顾炎武:《日知录集释》,上海古籍出版社1985年版,第286—287页。

对《尚书》做过系统整理工作的更直接的证据。同时我们还可以注意到孔子曾引用过今传本《尚书》篇目以外的内容(《论语·为政》:"子曰:'《书》云:"孝乎惟孝,友于兄弟,施于有政。"是亦为政,奚其为为政?'")。孔子上所引《书》文字不见今传本《尚书》,伪古文《尚书》采入《君陈》篇。可见孔子使用《尚书》文本的情况尚有较复杂的一面。在这种情况下,许多学者对孔子是否对《尚书》做过整理的工作不表示确定的意见是可以理解的,应无大错。但问题的全部真相可能并不如此简单。因为我们看到,孔子对《尚书》的重视和利用是无疑的。《论语·述而》说"子所雅言,《诗》《书》、执礼,皆雅言也",应能说明这一点。根据上文提到的我们今天所认识的古书成书的复杂情况,尤其是古书成书过程中不同文本存在的复杂情况,孔子既然对《尚书》有这样的利用,他应该会要求拥有合乎其要求的《尚书》文本,因而孔子非常可能对《尚书》资料作某种整理以形成可接受的文本,并以此作为向弟子传授其对于《书》的见解的依据。《论语·宪问》中有:"子张曰:'《书》云:高宗谅阴,三年不言,何谓也?'"子张引文见于今传本《尚书·无逸》,但文字有显著不同,说明此时孔子及子张所用的文本很可能还不同于今文《尚书》,则后者的作成就可能经过了孔子或其后学的某种整理。《史记》和《汉书》对于孔子编次及整理《尚书》的情节有相当细致的记述,若完全只是出于杜撰,也颇有令人费解处。例如在《书序》的问题上,经宋洪迈、明朱熹、清顾炎武等相继质疑[①],学者中很多已不信《汉书》所说其为孔子所作的结论,甚至认为就是后人"伪作"的。但还是有根据表明,《书序》有些内容的来源并不晚。2002年保利艺术博物馆公布新购得西周中期器豳公盨资料,人们发现其首句"天命禹敷土,堕山濬川"与今传本《尚书·禹贡·序》所说的"禹别九州,随山濬川"雷同。《史记·夏本纪》转述《禹贡》,以及《河渠书》引《夏

---

① 分别见洪迈:《容斋四笔》、朱熹:《朱子语类》卷七十八、顾炎武:《日知录》卷二。

书》也有与《书序》雷同处。对此,裘锡圭先生认为《史记》与《书序》"二者究竟谁抄谁,尚无定论",但明确指出:"《书序》和《河渠书》说禹'随山濬川',必有已失传的古书为据。"①这至少对于将《书序》完全认为是"伪作",对其作者则推测为汉以后人是不利的。由于西周中期时已经有《书序》中出现的文句在使用,则孔子时代也已经有《书序》文字存在就不好轻易否定了。那么孔子教《尚书》时有《书序》为所用,就很可以想象了,而孔子对这时的《书序》文本有无做过某种整理工作,亦应属不可遽定者。当然整个问题还是十分复杂的。钱大昕当年在顾炎武《日知录》"书序"条下说:"亭林不信《书序》,然《书序》不可废。"②看来钱氏对《书序》是有不拘于眼前资料的某种体会,颇值得玩味。所以孔子与《书序》的关系问题应该是可以进一步研究的,而最关键的自然还是期望有关乎事实的新的证据出现。

在这里还可以提一下,2008年清华大学收藏一批十分珍贵的战国楚简,经整理已知其中包含大量属于某种《尚书》文本的内容,不久前李学勤先生在对其中9篇作综述时针对14支《金縢》简情况指出:"简文……没有传世《尚书·金縢》中涉及占卜的文句,而《史记·鲁世家》所引该篇是有那些内容的。由此看来,清华简与传世本《金縢》应分属于不同的传流系统。"③所谓"不同的传流系统"的作用,当然也包括文献文本在传流过程中所发生的被整理、编次乃至改动等情况。清华简的出现,证明了这种过程在《尚书》身上是确实发生过的。虽然清华简直接表明的是战国时期的情况,但应该可依此断定在此前的春秋时期同样会有这种情况。所以,上文说到的孔子及子张所用的《尚书》文本很可能不同于今文《尚书》文本的情况,应该很逼近地反映了孔子及其

---

① 裘锡圭:《豳公盨铭文考释》,《中国出土古文献十讲》,复旦大学出版社2004年版,第50、52页。
② 姚名达:《中国目录学史》,上海古籍出版社2002年版,第220页。
③ 李学勤:《清华简九篇综述》,《文物》2010年第5期。

门人对于他们所研习的古代典籍,包括《尚书》,是在传流过程中做过整理的工作的。

总之,儒学作为古代最有影响的学术和思想流派之一,其与先秦其他众多学派活动的一个显著的不同,就在于它拥有作为其整个学说依据的一批有着很早期来源的重要文献组合。这种并不轻易可得的特点在很大可能上应该伴随着这个学派对于文献本身所做的深入的工作。后来的发展表明,正是这些由于儒学的努力而产生特别影响的古代文献在被改造为儒家经典后,成为不断发展和支撑中国古代文献传统的主要基础。我认为对于儒学在这些早期文献文本形成中的作用,尽管现在尚未有全部完整的证据,但仍然应给以充分的重视。因为儒学的这项工作非常深刻地体现了儒学的一个非常重要的特征,那就是儒学的工作是"文献主义"的,具体地说就是它致力于推出一组支撑其学说的文献,并使这组文献成为对全社会和国家有重大影响的一种力量。儒学的最终成功当然也使得嗣后古代中国的全部历史深深地打上了在世界文化发展史上少见的"文献主义"的烙印。

二、儒学对文献批评功能的倡导和提升

儒学对中国古代文献传统形成的又一方面的贡献是表现在其对于文献批评功能的倡导和提升上。

中国古代将文献作为开展教育或教化的工具的做法由来已久,应该说也不是孔子或儒学的创造。对此,礼书中都有提及。在史书中也有例证。《左传·僖公二十七年》曾提到晋国在选三军元帅时赵衰说:"郤縠可。臣亟闻其言矣,说礼、乐而敦《诗》《书》。"可见春秋中期时高级贵族已有学《诗》《书》等文献的。赵衰之所以因此对郤縠褒勉有加,似乎是因为郤縠的好学是特出之例。《国语·楚语上》记述申叔时就教育太子之事向楚庄王建言说:"教之《春秋》,而为之耸善而抑恶焉,

以戒劝其心。教之《世》,而为之昭明德而废幽昏焉,以休惧其动。教之《诗》,而为之导广显德,以耀明其志。教之《礼》,使知上下之则。教之《乐》,以疏其秽而镇其浮。教之《令》,使访物官。教之《语》,使明其德,而知先王之务用明德于民也。教之故《志》,使知废兴者而戒惧焉。教之《训典》,使知族类,行比义焉。"这里加书名号的并不一定是确定的书名,也可以是一类文献的统称,已不可详考,但无疑指的是一些文献。对于《训典》一名,韦昭注释为"五帝之书",这当然是很不可能的,唯看出其有很古的来源而已。楚庄王问此事的时间与上引赵衰事相隔约40年,约在孔子诞生前四五十年。这则事例中涉及的文献种类已大大增加了,而且以文献用于教育和教化的计划性和目的性也非常强。这进一步说明中国古代利用文献开展教育和教化的做法不仅发生得很早,而且在孔子之前也已经有十分丰富的内容。从申叔时对《春秋》等一系列文献用的教育和教化功用的阐述中,可以很清楚地看出它们本质上是在发挥文献的批评的功能,由此而达到所谓"戒劝""戒惧"等之效果。但从《楚语》的这则记述中也可以看出,至少在楚庄王在位时,在楚国要开展这样的教育或教化之事,还是需要特殊人物的特别指点的,所针对的对象似乎也还很有限,同时用于教育和教化的文献的构成很可能是不太确定的。这种状况后来所发生的变化,则是同孔子和儒学在利用文献开展教育和教化方面所做的开创性工作分不开的。

首先可以提到的是孔子及其后学使得文献活动普通化了,或者至少他们是促使文献活动普通化的中坚和最重要代表。上面提到的《楚语》描述的对楚太子的教育事项还完全是宫廷内事务的表现,这很可能也是当时大多数文献活动存在的主要的实际空间范围。《左传·昭公二年》的一段有名的记载谓:"晋侯使韩宣子来聘……观书于大史氏,见《易象》与《鲁春秋》,曰:'周礼尽在鲁矣,吾乃今知周公之德与周之所以王也。'"这里看出两点:其一,此时如《鲁春秋》这样的文献还并不是随处可以看到的,以韩宣子这样的高级贵族也只有到鲁国后才得以目睹;其二,包括《易象》(最可能指与今所见《易·象传》相类的文献,但不必是同一文本。一说以"象"指古代政令类文献,亦称"象魏"①,但此说显有不认同较早时有《象传》类文献之先入之见,故并不见其严谨)和《鲁春秋》在内的一些重要文献的内容和要旨尚未为广大人群所知,故韩宣子是在亲见后才抒发出读后的感慨。鲁昭公二年当为公元前540年,其时孔子约11岁,可见直至孔子少年时文献活动的普通化程度还很差。但是孔子创立儒学运动后,众所周知,他和他的弟子们已迅速将以古代文献为教材接受教育或教化的对象扩大到了十分广大的人群中,包括低级的贵族乃至平民,而文献本身也随之走出宫廷而进入更广阔的社会空间,成为所有社会权利人可得保藏和利用的工具。这个变化的意义绝不仅在于古代教育的发展方面,而是为中国古代文献传统的最终形成奠立了最重要的社会智力和政治伦理的基础。由于文献活动的社会空间空前扩大化了,文献的批评功能也得以社会化和国家化了,这是古代文献价值的一次最重要的定型,当然也是对其整个批评功能的空前提升。从这个意义上说,我相信孔子治学与教学的真正动机恐怕远超出对社会教育的关心,而在根本上仍然是其为寻求古代国家治国之道不吝用心的一部分。后来证明,孔子在这个方向上所做的工作,其意义超过他直接从政时的任何时期,是真正具有深远历史性的。

孔子和儒学对于文献的批评功能提升的另一个重要表现是其对后来成为儒家经典的古代重要文献内容和宗旨所做的极为深入和大规模持久的研究、阐释和宣传,其成就无疑超过之前任何时期的任何人物,这些研究、阐释和宣传所提供的思想和认识达到古代智慧和认知能力的极高水平,并且足以应付嗣后漫长历史时期中古代文献传统

---

① 杨伯峻:《春秋左传注》,中华书局1981年版,第1227页。

发生巨大作用的需要。在这方面,孔子本人就是一个范例。《论语·述而》说:"子曰:'述而不作,信而好古,窃比于我老彭。'"有人将此句发挥为指孔子只求因袭前人而无创作之要求①。这恐怕是误读。实际上孔子在这里所表明的是他在接触并使用古代资料时所持的态度。所说的"述"指的是忠实于资料原貌的陈述,"作"指的是脱离原作真实的造作。所以《述而》中还说:"盖有不知而作之者,我无是也。""述而不作"的"作"正是指这种"作",而这是孔子不会做的。

所以可以看到,在对古代重要文献研究和阐释上,孔子及其后学有大量极具创造性的成就。对于孔子及其弟子、后学在研究和阐释古代重要文献上所做的这些工作,实际上所有早期儒学文献可以说都是其证明。在近年来新出土的文献中我们还可以看到反映这种成就的更好的材料。如2001年发表的《上海博物馆藏战国楚竹书》(一)所收的《孔子诗论》一篇,就是非常难得的反映孔子和其弟子深入讨论《诗经》思想内涵的一宗资料,李学勤先生认为是一篇"有严密组织和中心主旨的论文"②。文中所说的"孔子曰:'诗无隐志,乐无隐情,文无隐意'"反映了孔子对《诗》的作用的整体理解,与传统研究所解释的情况一致。而全文对《诗经》各章意蕴的阐释更是精彩纷呈,而且与孔子整个学说中关于性、情、德、命等命题的理论相呼应。这让我们非常真切地看到了孔子和儒学对经典文献作深入研究的情况。《诗论》的记述就其内容的核心而言应该是可信的,也就是说孔门作过这些对于《诗》的很深入的探讨和阐释是可信的。我们相信有关这方面的更多新资料完全可能还会再出现。中国古代文献传统就是在孔子及其后学对于文献的这种开创性的、很高水平的研究的基础上成为

---

① 如李泽厚曾将"述而不作,信而好古"译为"阐述而不创作,相信并喜爱古代",应有以孔子不欲创作的意思。参见李泽厚:《论语今读》,安徽文艺出版社1998年版,第169页。
② 李学勤:《〈诗论〉的体裁和作者》,载上海大学古代文明研究中心、清华大学思想文化研究所编:《上博馆藏战国楚竹书研究》,上海书店出版社2002年版,第51页。

一

行此者丌又不王虐■孔曰吾亡隱志樂亡隱情旻亡隱言

孔子论诗

图 13 上海博物馆藏战国楚竹简《孔子论诗》(一)

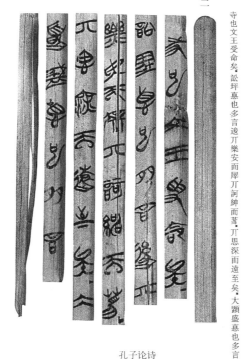

二

寺也文王受命矣■訟坪惪也多言遂丌樂安而犀丌訶紳而荡■丌思深而遠至矣■大顕盛惪也多言

孔子论诗

图 14 上海博物馆藏战国楚竹简《孔子论诗》(二)

可以发生真实影响的一种事实。

三、文献在国家政治中的作用：早期儒学的贡献

中国古代文献传统的最终形成，其最重要标志当然是文献在古代国家政治生活中的崇高地位和重要作用被确定下来。这就必须提到古代文献是如何被带入代表国家意志的极高地位上的，而国家又是如何将文献变成规约人们行为的系统性力量的。只有当这种情况发生时，这一独特传统稳定形成的局面才算告成，也才让人们看到这一传统的表现中最令人震撼的部分。但这显然不是在孔子和早期儒学活动时代就已经达到的结果。从所有有关事实来看，在这方面做出决定性成就的是汉代儒学的活动。也就是说，在经过汉代儒学（在某种意义上说亦即汉代经学）的发展之后，作为中国古代国家政治和社会生活中一种常制的古代文献传统才开始最终形成。而在发生这一重大变化时，起身于先秦的儒学本身也发生了重要变化。早期儒学时代的智力活动的格局随着这一过程也被改变了，中国古代的思想和认知世界进入了新阶段。

但是，尽管这样，我们还是应当看到，早期儒学对于让文献在国家政治中发挥重要作用还是有筚路蓝缕之功的。

从现有的记载看，在整个战国时期虽然还看不出有任何特定的文献或文献组合在国家政治中拥有特别作用，但是儒者在政治活动中频繁援引和宣传作为儒家经典的六艺，从后果上看，应该可以看作是让文献在国家生活中发挥重大作用的先驱步骤。如从《孟子》中我们可以看到，当孟子向魏惠王进言时，他频频引《诗》《书》以为说，这固然是在显示其儒者的立场和见解，而同时这种论说方式也正是在努力造成六艺对于论证国事具有至高说明力的态势。在战国时代，从有些古代记述来看，六艺本身还并不是专为儒家所推崇和利用的文献。如孔衍

撰《春秋后语》敦煌卷子本有："初苏秦与张仪事鬼谷先生，十一年皆道(通)六艺经营百家之言。"①说明战国纵横家也曾研习六艺。而且《史记》中还记载了苏秦在向魏襄王游说时亦引《周书》以为说②(《春秋后语》卷子本说同③)。在商鞅实行变法的秦国，赵良曾对为相10年的商鞅规劝，而其论说亦多所援引《诗》《书》④。这些记述如果都属实，当然可以看出在战国时期，尤其是战国晚期，使用六艺作为论说的有力理据来参与政治活动，已经有比较多的实践，而且不仅是儒者如此。但很显然，六艺作为儒家多年所经营的经典，儒者在这方面的作为应该是最突出的，对于推进这种政治文化的形成也应该是贡献最大的。苏秦之流的表现很可能出于对儒者榜样的效法。

当然，在战国时期，六艺在政治中的确定地位还谈不上已经形成。如当孟子见魏惠王时，魏惠王之发问便多泛泛而未涉任何文献⑤。显示在当时的政治语境中尚未有任何文献有特出的地位。《孟子》对《春秋》地位的意识也很值得玩味。《滕文公下》记齐宣王问"齐桓、晋文之事"，谓"孟子对曰：'仲尼之徒无道桓、文之事者，是以后世无传焉，臣未之闻也'"。赵岐注对此只笼统解释说："孔子之门徒……虽及五霸，心贱薄之……"但《离娄下》中明说《春秋》"其事则齐桓、晋文"，可见孟子此言其实已经在说到《春秋》。所以虽然《滕文公下》中也说到"《春秋》，天子之事也"，并说："孔子曰：'知我者其惟《春秋》乎，罪我者其惟《春秋》乎！'"强调《春秋》对于孔子学说的重要性，但孟子对齐宣王的这个回答还是表明当孟子时《春秋》的地位似乎多少还是有别于《诗》《书》的。故即使在儒家的认识里，重要文献的组合此时应还在形成中。而到战国晚期，《韩非子·五蠹》说"儒以文乱法，侠以武犯禁，而

---

① 王恒杰：《春秋后语辑考》，齐鲁书社1993年版，第149页。
② 司马迁：《史记·苏秦列传》，见《史记》，第7册，中华书局1982年版，第2256—2257页。
③ 王恒杰：《春秋后语辑考》，齐鲁书社1993年版，第139页。
④ 司马迁：《史记·商君列传》，见《史记》，第7册，中华书局1982年版，第2233—2234页。
⑤ 《孟子·梁惠王上》，见杨伯峻：《孟子译注》，中华书局1960年版，第15—16页。

人主兼礼之",也很生动反映出其时文献地位仍不确定的状况。"文",应指儒家推崇的六艺,虽然有人主"礼之",却正在韩非子之流的攻击中,其地位固然也谈不上是确定的。这种局面的最终改变是在汉代。但是韩非所说的"儒以文乱法",正是表现了战国儒学对于张扬六艺在国家政治中地位和作用的顽强攻势,这对古代文献传统的最终形成不能不说是极为重要的推动。

汉代发生的使六艺获得由国家认可的特别地位的过程,是同汉代对于经学博士的设立有关的①。博士一职的最初设立,以钱穆的研究可追溯至战国中期,依据是《史记·循吏列传》《汉书·贾山传》等以鲁穆公时有公仪休为博士、魏惠王时有贾祛为博士弟子之事等②。而且钱穆还进一步推测"博士建官本于儒术也"③。不过钱先生后一说的证据并不充分,因为不仅以现有资料论,还不能断定公仪休已是战国博士官之第一例,而且也还没有完整的资料来表明战国时候的博士官完全是对儒者开放的。事实上战国时博士的最初设立应该是同包括儒者在内的不同学派均有关的。钱穆在对"秦博士与《诗》、《书》、六艺之关系"分析时,鉴于六艺"初掌于王官",而王官学又"掌于'史'",博士官之设应与之有别,便明确说:"谓博士官专掌六艺,此无证臆说也。鲁、魏博士,以及齐之稷下,皆不闻专掌六艺。"④可见自战国开始设立的博士官是没有与特定文献联系的。而王国维先也已指出:"至秦之博士……其中盖不尽经术之士。……殆诸子、诗赋、术数、方伎皆立博士,非徒六艺而已。"⑤可说与钱氏看法如一。

然而重要的事实是,在战国中期以后开始设立的各国以及后来的

---

① 详见谢维扬:《经典的力量:中国传统的现代去路——从汉代经学的发展对中国古代文献传统形成的影响谈起》,《上海大学学报(社会科学版)》2011年第2期。
② 钱穆:《两汉博士家法考》,《两汉经学今古文平议》,商务印书馆2001年版,第184页。
③ 钱穆:《两汉博士家法考》,《两汉经学今古文平议》,商务印书馆2001年版,第184页。
④ 钱穆:《两汉博士家法考》,《两汉经学今古文平议》,商务印书馆2001年版,第191页。
⑤ 王国维:《汉魏博士考》,谢维扬、房鑫亮主编:《王国维全集》,第8卷,浙江教育出版社、广东教育出版社2009年版,第106—107页。

秦博士中，尽管"非徒六艺而已"，但儒家学者毕竟不仅非常稳定地占据了一席之地，而且在战国政治进程的逐步展开中，儒者也始终能够在国家政治生活中居于高位，扮演重要角色。秦始皇三十四年因博士淳于越与仆射周青臣在咸阳宫论辩，结果导致秦实行焚书政策，这是众所周知的大事。此次论辩的双方均为博士。王国维谓："《汉书·百官公卿表》：'仆射，秦官，自侍中、尚书、博士郎皆有。'……是青臣实博士仆射也。"①《史记·秦始皇本纪》记李斯对淳于越议论的评论是："今诸生不师今而学古……人善其所私学，以非上之所建立。"这应该是指淳于越与《诗》《书》、六艺的关系，而李斯所说则表明淳于越虽是儒者，但作为博士却对于秦政治已有重要影响。尽管在秦政治博弈中，儒学遭受到巨大挫败，然而儒者在自战国一直延续至汉朝的博士制度中的表现及其影响，对于汉代统治者最终将古代文献在国家政治中的地位关系重新排队，并将儒家文献提到极高的高度，是起了重要的准备和铺垫作用的。传今文《尚书》的伏生是秦博士，最终却为汉代儒学的发展立下汗马功劳，汉武帝所立《书》博士欧阳生乃其后学，就说明了这种关系。从这个事实也再次看出，先秦儒学的发展和儒者的各种努力，是为中国古代文献传统的最终形成做出了重要贡献的，而且从一定意义上说是最重要的贡献。

（原刊于《上海师范大学学报（哲学社会科学版）》2010年第6期）

---

① 王国维：《汉魏博士考》，谢维扬、房鑫亮主编：《王国维全集》，第8卷，浙江教育出版社、广东教育出版社2009年版，第106页。

经典的力量：中国传统的现代去路

——从汉代经学的发展对中国古代文献
传统形成的影响谈起

文献在整个古代生活中发挥着特别重要的作用,是中国古代发展的一个重要特征。与此有关的事实有很多是人们已经熟悉的。例如,中国古代王朝很早就建立了对所有重要事件和重要言论记载的原始记录系统(由古代史官制度所支撑的),应该也很早就拥有了很高水平的资料和数据整理系统(因此很早即有实用文献文本和古书的出现),同时逐步形成了有效的资料与数据著录系统和检索方法(构成目录学的雏形和对古书引用的传统),以及对于文献活动的一定意义和水平上的批评系统(见于史官职业准则的形成和非官属著作活动的出现),而更重要的则是在所有这些发展的基础上,逐步形成了文献在国家政治活动中所拥有的崇高地位和极其重要的作用,等等。对所有这些,都不难看出,它们相对于世界其他地区的表现都是非常具有特征性的。为了使学者对中国古代发展这些重要特征的存在及意义有深刻认识,笔者曾提出把这一组现象概括起来叫作中国古代的文献传统。而在这一传统中发挥核心作用的一些重要文献则最终成为中国的经典[①]由于这个传统的存在,使得中国古代的发展在很重要的方面不同于世界其他地区之古代文明。尤其是在这个传统作用下,在古代中国,特定文献的某个组合甚至成为论证国家活动之合理性乃至国家权力之合法性来源的依据,这种关系在世界文化史范围内几乎可以说是仅见的。所以,从某种意义上说,经典文献在历史中的独特作用是理解中国古代发展全部特征的一项关键性认识。

　　当然,在历史上,这个传统是逐步形成的。笔者曾撰文论及,对于这个传统的形成,先秦儒学做出了重要贡献[②]。约略述之,可提及两

[①] 参见上海大学古代文明研究中心、清华大学思想文化研究所编:《上博馆藏战国楚竹书研究》,谢维扬《序》,上海书店出版社2002年版,第2页。
[②] 谢维扬:《儒学对中国古代文献传统形成的贡献》,《上海师范大学学报》2010年第6期。

端：一是儒学对中国早期重要的文献文本的形成是做出重要贡献的。儒学作为古代最有影响的学术和思想流派之一，其与先秦其他众多学派活动的一个显著的不同，就在于它最终拥有了作为其整个学说依据的一批有着很早期来源的重要文献组合。这一特点的形成在很大可能上应该与这个学派对于文献本身所做的深入的工作相关。后来的发展表明，正是这些由于儒学的努力而产生特别影响的古代文献后来成为构筑中国古代文献传统的主要基础。我认为，对于儒学在这些早期文献文本形成中的作用，尽管现在尚未可称有完整的证据，但基本事实是应该可以认定的。儒学的这项工作非常深刻地体现了儒学的"文献主义"的特征，即它致力于推出一组支撑其学说的文献，并使这组文献成为对全社会和国家有重大影响的一种力量。儒学的最终成功也使得嗣后古代中国的全部历史深深地打上了在世界文化发展史上少见的"文献主义"的烙印。

儒学对中国古代文献传统形成有贡献的另一端是其对于文献批评（通过阐释和教学）功能的倡导和提升。在这方面特别值得注意的是，孔子及其后学使得文献活动普通化了，或者至少他们是促使文献活动普通化的中坚和最重要代表。其对后来成为儒家经典的古代重要文献内容和宗旨所做的极为深入而又具很大规模持久的研究、阐释和宣传，其成就无疑超过之前任何时期的任何人物及学派，这些研究、阐释和宣传所提供的思想和认识达到古代智慧和认知能力的极高水平，并且足以应付嗣后漫长历史时期中古代文献传统发生巨大作用的需要。我们所说的中国古代文献传统就是在孔子及其后学对于文献的这种开创性的、很高水平的研究的基础上，成为最终对历史进程发生真实影响的一种事实。

但尽管早期的儒学有如上的贡献，在整个先秦时期，总的来说，还谈不上已经出现真正完整的文献传统的作用。这主要表现在：一是起作用的特定的文献组合还没有形成；二是文献在国家政治活动中的作用还不确定。因此不仅还没有任何文献被确定地带到代表国家意志的崇高地位上，同时国家也还没有做到将任何特定文献变成规约国家和所有人行为的系统性的力量。这些显然都不是孔子和早期儒学活动时代已经出现的局面。在这方面发生根本性的变化则要到汉代，并且汉代经学的发展对此起了至关重要的作用。汉代经学因此而不仅在古代学术史上有重要地位，在中国古代政治和社会发展方式的形成上也关系重大。而当汉代经学促成了中国古代文献传统最终形成时，早期儒学时代智力活动的格局也被改变了，中国古代的所谓学术，也就是当时的思想和认知世界也进入了新阶段，并且形成与整个社会和政治的新关系。汉代发生的这一过程及其在后来中国历史上所造成的后果，对于正面对现代发展问题的中国人而言，颇有值得深思的价值。在一定意义上，现代中国仍然面临着如何看待古代这一传统的问题，需要认准中国传统的现代去路如何。对上述问题笔者拟简要地谈如下几点粗浅认识，尚祈方家指正。

一、西汉五经博士的设立是使儒家文献获得稳定影响国家政治之特殊地位的重要步骤

从现有的记载看，在整个战国时期还看不出有任何特定的文献或文献组合在国家政治中拥有特殊地位和特别作用。战国学者对上古重要文献的引用已很多见。儒者更是如此。比如从《孟子》中就可以看到，当孟子向魏惠王、齐宣王、滕文公等进言时，引《诗》《书》以为说处非常多。这可以理解为当时的儒者的确是在非常努力地赋予《诗》《书》等重要古代文献以特别的解释功用，在一定意义上也可以说《诗》《书》不同于其他文献的地位已初步有所显现。但仍应注意到如下情况：首先，儒者的这种努力只是战国学者和政治家对待古代文献的众多不同立场中的一种，并不具有压倒性的影响和特别重大的意义，与

儒者大相径庭的其他主张和立场同样也大行其道。例如在《孟子》中，我们看到，当齐宣王向孟子问政事时，不仅孟子本人引《诗》以为说，甚至齐宣王为夸赞孟子竟也"王说，曰：'《诗》云："他人有心，予忖度之。"夫子之谓也'"①。但这完全不代表齐宣王对《诗》的特殊地位已有特别的认可。因为就在齐宣王朝，据钱穆引《韩非子·内储说上》记述指出："通于法家之囿"的尹文亦得与齐宣王"论治国"，并说其时"盖略当于魏文之邺下。一时学者广收并纳，包孕富有，散而为天下之道术，则不胜其异也②。"所谓"不胜其异"，说明当时处活跃中的不同学派和政治主张确实非常多，其固各有对待文献的立场。可见孟子在战国各小朝廷上对《诗》《书》的引用，离开古代重要文献获得确定的特殊地位还很远。其次，从《孟子》的记述看，即使在儒者的认识中，后来被称作"六艺"的古代重要文献组合还没有稳定地形成。在《孟子·滕文公下》中曾记齐宣王问"齐桓、晋文之事"，而"孟子对曰：'仲尼之徒无道桓、文之事者，是以后世无传焉，臣未之闻也。'"赵岐注对此的解释是"孔子之门徒……虽及五霸，心贱薄之"。但众所周知，齐桓、晋文之事乃《春秋》之核心内容，《孟子·离娄下》中也说到《春秋》"其事则齐桓、晋文"，而《孟子·滕文公下》中则说"《春秋》，天子之事也"，甚至说"孔子曰：'知我者其惟《春秋》乎，罪我者其惟《春秋》乎！'"可见孟子是深知《春秋》对于孔子学说的重要性的，但孟子对齐宣王的回答却还是明显很低调地谈及《春秋》的最重要主题之一，这应该表明，在孟子时代，《春秋》的地位与《诗》《书》似乎多少还是有差别的。故在此时，后来儒家的重要文献组合应还在形成中③。再次，从《孟子》记述的孟子对

---

① 《孟子·梁惠王上》，见杨伯峻：《孟子译注》，中华书局1960年版，第15—16页。
② 钱穆：《先秦诸子系年》，商务印书馆2001年版，第440页。
③ 关于孟子和六艺的关系，徐复观提出："《孟子》一书更没有谈到《易》，这说明他不曾学《易》。"（徐复观：《中国经学史的基础》，《徐复观论经学史二种》，上海书店出版社2002年版，第31页。）关于孟子有否学《易》的问题，徐说尚无直接证据，但徐揭示的现象应该也表明包括《易》在内的儒家重要经典组合在孟子时还是不确定的。

《诗》《书》等文献引用的情况看,孟子在很多场合下对于《诗》《书》的援引并不特别具有以其为绝对或终极理由的意味。如《孟子·梁惠王下》中,孟子在讲述周早期历史时对《诗经·周颂·我将》《大雅·皇矣》《公刘》《绵》等诗句的引用,只是为了佐证周先祖公刘、古公亶父至文王的史事和赞扬周室的伟大先祖,并无更多深意。这同古代文献传统完整形成后《诗》《书》被作为具指导地位的经典援引的意义有很大不同。在很多情况下,《孟子》中甚至包含了对文献内容从容讨论的情节。如《孟子·尽心上》说:"公孙丑曰:'《诗》曰:"不素餐兮!"君子不耕而食,何也?'"于是孟子作了解释,认为"'不素餐兮',孰大于是?"《孟子·万章上》则有:"万章问曰:'《诗》云:"娶妻如之何?必告父母。"……舜之不告而娶,何也?'"以及"咸丘蒙曰:'《诗》云:"普天之下,莫非王土;率土之滨,莫非王臣。"而舜既为天子矣,敢问瞽瞍之非臣,如何?'"甚至在谈到《书》时,孟子还对《书》所记述内容的真实性提出过质疑,那就是在《孟子·尽心下》中说的很著名的一句话:"尽信《书》,不如无《书》。吾于《武成》取二三策而已矣。"近年发表的上海博物馆藏战国楚简《子羔》篇中也有对古代记述内容讨论和质疑的情节,与《孟子》记述的这些情况很相似。这也说明在战国时期《诗》《书》等文献的经典化还在逐步推进中,其为人所信奉的程度还没有被提升到等同于绝对与终极真理的高度上。在战国时期的整个著作活动中,除儒者外,《墨子》引《诗》《书》也很多,其中也包括引了今未得见的逸《诗》、逸《书》等。《庄子》对儒家热衷的《诗》《书》《礼》《乐》也有很深了解,有明确的评论,且有不俗见地。这说明在古代文献活动的较早期,《诗》《书》等古代重要文献曾很普遍地被不同学派所接触和利用,但这些活动的最终结果显然与来自儒学的对于《诗》《书》等古代重要文献的关注、研究和利用有很大不同。这反过来也进一步表明战国儒家包括孟子的文献活动对于最终造成《诗》《书》等古代重要文献的特殊地位,其意义还是有限的。儒学如此,其他学术或政治流派则更不论矣。

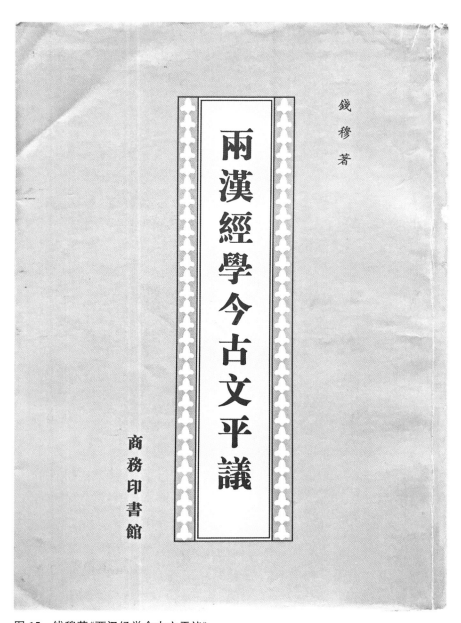

图 15　钱穆著《两汉经学今古文平议》

即以战国晚期为例,从《韩非子·五蠹》说"儒以文乱法,侠以武犯禁,而人主兼礼之",可以很清楚看出其时各种文献的地位俱不确定。所谓"文"者,应指儒家所推崇的六艺,虽然韩非说其为人主所"礼之",但正在韩非子之流的攻击中,其地位固然谈不上确定。而韩非子的话同时也等于表明法家文献的地位此时更不确定,故还由韩非子流在为之奋力构建中耳。

在中国古代真正有一批文献在国家政治中占据特殊地位是从汉代才开始的,而这同汉代经学的发展有关,具体地说是同汉代儒学五经博士的设立有关。

博士一职的最初设立,以钱穆的研究,可追溯至战国中期,依据是《史记·循吏列传》《汉书·贾山传》等以鲁穆公时有公仪修为博士、魏惠王时有贾祛为博士弟子之事等①。王国维先已疑"《史记》所云博士者,犹言儒生云尔,惟贾祛为魏王博士弟子,则战国末确有此官",故其以"博士一官,盖置于六国之末,而秦因之"②。但因纯出意疑,并无实据,可备一说耳。然钱氏在博士设立一事上进而推测"博士建官本于儒术也"③,则不必。因为不仅还不能断定公仪修已是战国博士官之第一例,而且也还没有完整的数据来表明战国时候的博士官完全是对儒者开放的。事实上,依钱氏对"秦博士与《诗》《书》、六艺之关系"的分析,因六艺"初掌于王官",而王官学又"掌于'史'",博士官之设应与之有别,故钱氏又明确说:"谓博士官专掌六艺,此无证臆说也。鲁、魏博士,以及齐之稷下,皆不闻专掌六艺。"④可见自战国开始设立的博士官是没有与特定文献系联的。而王国维先已指出:"至秦之博士……其中盖不尽经术之士。……殆诸子、诗赋、术数、方伎皆立博士,非徒六

---

① 钱穆:《两汉博士家法考》,《两汉经学今古文平议》,商务印书馆2001年版,第184页。
② 王国维:《汉魏博士考》,谢维扬、房鑫亮主编:《王国维全集》,第8卷,浙江教育出版社、广东教育出版社2009年版,第106页。
③ 钱穆:《两汉博士家法考》,《两汉经学今古文平议》,商务印书馆2001年版,第184页。
④ 钱穆:《两汉博士家法考》,《两汉经学今古文平议》,商务印书馆2001年版,第191页。

艺而已。"①可说与钱氏看法如一。秦始皇三十四年因博士淳于越与仆射周青臣在咸阳宫论辩，结果导致始皇实行焚书政策，是为众所周知。而此次论辩的双方均为博士。王国维谓："《汉书·百官公卿表》：'仆射，秦官，自侍中、尚书、博士、郎皆有。'……是青臣实博士仆射也。"②《史记·秦始皇本纪》记李斯对淳于越议论的评论是："今诸生不师今而学古，……人善其所私学，以非上之所建立。"这应该是指淳于越与《诗》《书》、六艺的关系，但从淳于越抨击周青臣"事不师古而能长久者，非所闻也"③来看，青臣与六艺的关系便完全不类。这也证明秦时的博士确未仅与六艺或他种文献有固定的关系。

　　这种情况其实在汉初仍无根本改变。刘歆《移太常博士书》说："至孝文皇帝，……天下众书往往颇出，皆诸子传说，犹广立于学官，为置博士。在汉朝之儒，唯贾生而已。"④可见文帝时，博士官之设，所涉学派与文献种类甚伙，尤以诸子书为一大宗，远非专为儒学及六艺者。刘歆在《移太常博士书》中将贾谊归为他认为在汉朝少之又少的"儒"之列，而钱穆甚至认为贾谊之为博士还是"以颇通诸子百家之书"之故⑤。这种局面，同汉初以来整个学术、思想的布局固然是相当的。王国维则将汉初博士制度概括为"盖犹袭秦时诸子百家各立博士之制"⑥。

　　文献在古代王朝政治中地位关系的根本改变是在西汉武帝时发生的重大事件。钱穆说："汉代儒术之盛，与夫博士之限于儒生经师，

---

① 王国维：《汉魏博士考》，谢维扬、房鑫亮主编：《王国维全集》，第8卷，浙江教育出版社、广东教育出版社2009年版，第106—107页。
② 王国维：《汉魏博士考》，谢维扬、房鑫亮主编：《王国维全集》，第8卷，浙江教育出版社、广东教育出版社2009年版，第106页。
③ 司马迁：《史记·秦始皇本纪》，《史记》，第1册，中华书局1982年版，第254—255页。
④ 班固：《汉书·楚元王传》，《汉书》，第7册，中华书局1983年版，第1968—1969页。
⑤ 钱穆：《两汉博士家法考》，《两汉经学今古文平议》，商务印书馆2001年版，第193页。
⑥ 王国维：《汉魏博士考》，谢维扬、房鑫亮主编：《王国维全集》，第8卷，浙江教育出版社、广东教育出版社2009年版，第107页。

其事始武帝。而其议则创自董仲舒。"①这在总体上应可以成立。当然对此事件有贡献的儒者不只是董仲舒(钱氏于此亦有说),促成此变化的深层原因则恐怕还是在儒学本身对于汉朝政治的吸引力。

西汉直至汉景帝朝,儒学的政治境遇并不如意,几乎始终在飘摇不定之中。司马迁曾描述汉初以来政坛的布局说:"孝惠、吕后时,公卿皆武力有功之臣。孝文时颇征用(《正义》:"言孝文稍用文学之士居位。"),然孝文帝本好刑名之言。及至孝景,不任儒者,而窦太后又好黄老之术,故诸博士具官待问,未有进者。"②就反映了这一点。但汉武帝对儒学有好感。这对改变汉初以来政治与学术关系的态势至关重要。钱穆认为这可能与武帝接触曾为其近臣的王臧(曾受《诗》)有关③。而据《史记·儒林列传》,王臧"事孝景帝为太子少傅,免去",并也已说景帝"不任儒者",故在景帝朝王以儒学背景直接对武帝施加影响应是受限的。然而在武帝即位后,"赵绾、王臧之属明儒学,而上亦乡之"④,则是事实。我认为武帝的反应更多地与其自身对文献知识的积累有关,并且也是出于其对于皇朝政治整体需要的一种理解,包括他对汉初以来儒学发展之利弊所生成的印象。私属关系的作用在这里可能不是主要的(嗣后赵、王因议立明堂事等为窦太后所逼而自尽,武帝唯受之)。赵、王的动议导致武帝"招方正贤良文学之士"⑤,使董仲舒得通过对策直接向武帝提出关于文献地位问题的主张。这是使整个事件发生的重要一步,而武帝本人对董仲舒主张的认同并予以实施是使这一事件产生结果的决定因素。

董仲舒对策主张的核心是使六艺取得高于所有其他文献的独尊的地位。在其对策中的相关表述是:"今师异道,人异论,百家殊方,指

---

① 钱穆:《两汉博士家法考》,《两汉经学今古文平议》,商务印书馆2001年版,第194页。
② 司马迁:《史记·儒林列传》,《史记》,第10册,中华书局1982年版,第3117页。
③ 钱穆:《两汉博士家法考》,《两汉经学今古文平议》,商务印书馆2001年版,第197页。
④ 司马迁:《史记·儒林列传》,《史记》,第10册,中华书局1982年版,第3118页。
⑤ 司马迁:《史记·儒林列传》,《史记》,第10册,中华书局1982年版,第3117页。

意不同,是以上亡以持一统;……臣愚以为诸不在六艺之科、孔子之术者,皆绝其道,勿使并进。"①这里可注意的一点是,董仲舒欲突出六艺地位的理由是"今师异道,人异论,百家殊方,指意不同,是以上亡以持一统",而这与当年李斯为呼吁秦始皇焚书所提之理由颇相近,所谓:"今……私学而相与非法教,人闻令下,则各以其学议之,……如此弗禁,则主势降乎上,党与成乎下。"②但是李斯引导的是破坏性的政策,禁书后何以为国家所依据之文献不知,故秦政治缺少长远的前途并不奇怪。当然这也反映了法家"非文献主义"的取向。董仲舒之立意则不在禁,在独尊而已,因而引导的是建设性的政策,体现出儒家"文献主义"的品格。武帝对董仲舒对策的政策构想是有很准确理解的,而且利用他独有的权力条件做出有力的决策来体现这一点,那就是设立五经博士。

武帝立五经博士的实质有两端,其一是令儒学成为唯一受国家鼓励和可能获得奖掖并开通仕途的学业。《汉书·儒林传》赞说:"自武帝立五经博士,开弟子员,设科射策,劝以官禄,讫于元始,百有余年,传业者寖盛,支叶蕃滋,一经说至百余万言,大师众至千余人,盖禄利之路然也。"对儒学在武帝朝与官僚体制结合起来塑造汉代知识活动新格局的情景,描述得可谓淋漓尽致。《史记·儒林列传》说,五经博士设立后,"绌黄老、刑名之言,延文学儒者数百人……天下之学士靡然乡风矣"。指的则是五经博士的设立很必然地使儒学取代黄老、刑名之学成为学人攻读的首选。所以由于五经博士的设立,儒学成为汉朝学术的确定主题是无疑的,这固然在政治的高级层面上,为汉朝选择了合用的意识形态表达,但在史家(如马、班)看来更显眼的效果是,在国家政治生活的日常运作上,其对于社会知识面利用的功利方面也

---

① 班固:《汉书·董仲舒传》,《汉书》,第 8 册,中华书局 1983 年版,第 2523 页。
② 司马迁:《史记·秦始皇本纪》,《史记》,第 1 册,中华书局 1982 年版,第 254—255 页。

使得国家建立起一种重要的政治——社会秩序。

　　武帝立五经博士实质的另一端是将六艺作为一组有悠久来源的古代文献置于由国家授权的、对解释国家意志有权威功能的特殊地位上,这对我们所说的古代文献传统的最终形成有更直接的意义,而由此造成的政治与文献关系的新格局则对后来古代发展的全部进程有很深远的影响。武帝在立五经博士时,对六艺之外其他文献地位予以贬黜,原是董仲舒对策中已有之意。即其所谓"诸不在六艺之科、孔子之术者,皆绝其道,勿使并进"。而汉武帝后来也是如此实行的,这也为许多学者所认定。王国维《汉魏博士考》对武帝立五经博士事的表述是"武帝始罢黜百家,专立五经",为证其说,引赵岐《孟子题辞》:"后罢传、记博士,独立五经而已。"并按:"传、记博士之罢,钱氏大昕以为即在置五经博士时,其说盖信。"① 所说的"传、记",应该就是前所引刘歆《移太常博士书》中说的"诸子传说"之类,也就是六艺之外的文献,当然也包括赵岐提到的汉文帝时立博士的《论语》《孝经》《孟子》《尔雅》等。因此钱穆说立五经博士后"其他不以五经为博士者,遂见罢黜"②,是对的。只是钱氏欲更进一步突出此一变化与文献本身的关系,表示武帝的文化策略"谓其尊六艺则然,谓其尊儒则未尽然也",并以"仲舒之尊孔子,亦为其传六艺,不为其开儒术"③,这恐有所不必,因为不仅从《史》《汉》对五经博士设立后学问开展之情景的描述可以看出儒学因此而获得的张力,而且尽管汉代的儒学,包括董仲舒的儒学,已大不同于先秦孔孟之学,但毕竟与六艺还是不可分的。提升六艺地位与扩张儒学局面应是一而二、二而一的事。当然,过

---

① 王国维:《汉魏博士考》,谢维扬、房鑫亮主编:《王国维全集》,第8卷,浙江教育出版社、广东教育出版社2009年版,第106页。
② 钱穆:《两汉博士家法考》,《两汉经学今古文平议》,商务印书馆2001年版,第198页。
③ 钱穆:《两汉博士家法考》,《两汉经学今古文平议》,商务印书馆2001年版,第200页。

图 16　谢维扬著《至高的哲理：千古奇书〈周易〉》

去许多研究讲汉武帝"独尊儒术"时,较忽略文献地位问题,现钱先生更强调汉武帝政策的实质是"独尊六艺",对于人们认识文献地位问题的意义很有价值,这证明,在汉代儒学争得利于其发展的政治环境时,古代文献地位关系格局上发生的变化更重要,影响也更深远。因为正是在这个变化的基础上,中国古代文献传统最终开始完整地发挥其作用。

二、汉初经学对儒学形上学的建设是使儒家经典组合具备指导国家政治之至高品质的重要布局

汉代前期的经学,直至董仲舒,有很强大的发展儒学形上学架构的脉络。这对后来六艺成为具备指导国家政治的崇高质量的文献组合,也有至关重大的意义。因为对于古人而言,对包括政治在内的所有行为的正当性或合理性的说明,除来自经验的内容外,还必须有表明这些行为的终极目标与终极理由的内容。这实际上是古代形上学的一项任务。中国古代没有如古希腊哲学那样的本体论形上学[1],但是中国早期也有自己形式的形上学建构。在先秦,《易经》形上学是这一建构的最高级形式[2]。但是很显然,原始的《易经》形上学语言和逻辑还不完全适应将六艺解释成说明国家事务和一切终极问题的最高文献的种种要求,尤其是在适应新的社会认知趋向的条件下。这导致出现新一轮儒学形上学建构的高潮。对于汉前期至董仲舒这一段诸多有强烈形上学色彩的经学成果,只有从这个意义上,才能看懂它们发生和发展的理由。

汉前期经学形上学建设的基础是自战国时期兴起的阴阳五行学

---

[1] 参见俞宣孟:《本体论研究》,上海人民出版社2005年版,第117—126页。
[2] 参见谢维扬:《至高的哲理——千古奇书〈周易〉》,生活·读书·新知三联书店,1997年版,第147—162页。

说。其中如与孟子同时代的邹衍所倡导的所谓"五德终始"说,是以典型的形而上的概念对王朝更替的规律提出解释,其风靡一时,正说明了古代政治对形而上学建设的需求。而这同儒学的方向其实并不完全相悖。因为儒学自身也早就培育起以阴阳为核心范畴的《易经》形上学。所以《汉书·艺文志》说:"儒家者流,盖出于司徒之官,助人君顺阴阳明教化者也。"很显眼地将谈论"阴阳"话题作为儒家标志性的作为。可见儒学与战国以来以形上语言来建构政治理论的其他各种方法并无天然的隔阂。故汉初的经学,对上面所说的这种需求不仅敏感,而且有积极的作为。汉初的儒学因此对战国形而上学表现出有密切的继承关系。汉初儒学博士的学问几乎都有这种特征。有学者说,汉初的经学"从伏生的《尚书》开始,……其共通之点,就是以阴阳五行灾异来判断实际上发生的事"①。从汉初今文经学的表现看,这条概括大抵可以坐实。

在汉前期经学形上学建设的所有成绩中,董仲舒的工作特别值得一提。董治经学有浓重的阴阳灾异成分,是一目了然的,这同上述汉初经学追求形而上语言的特征可说一脉相承,且有过之而无不及。尤其在形上学完整理论的构筑上,董学的成就似乎超出了其所有前辈。有学者说:"到了汉,伏生、董仲舒唱一种天人之学,即阴阳灾异之学,是前汉经学之一大精神。"②这对于董学形上的特征及其学术脉络,体会还是准确的。而董之所以重要,则不仅因为其儒学形上学化工作的规模最大,成果最完整,有《春秋繁露》这样非常专门、又极具创意和系统性的儒学形而上学巨制问世;而且董是直接通过对由他加工而成的儒学形而上学新架构的宣传使汉武帝接受了他提出的改变文献地位关系主张的,因此汉代文献政策的变革,同时也是古代文献传统的真

---

① 〔日〕本田成之:《中国经学史》,上海书店出版社2001年版,第131页。
② 〔日〕本田成之:《中国经学史》,上海书店出版社2001年版,第133页。

正成立,与董仲舒的儒学形上学成就是直接相关的。董仲舒的儒学形上学的核心概念是天或天道,而论证的方法则是偏依于发《春秋》之大意。如其在对策中云:"孔子作《春秋》,上揆之天道,下质诸人情,参之于古,考之于今。故《春秋》之所讥,灾害之所加也;《春秋》之所恶,怪异之所施也。"①所说"天道"是用来解释一切现象之终极原因的形上语汇和概念,而对策要说明的是《春秋》对"天道"有完整的体现。徐复观将董氏形上学称为"天的哲学",并具体描述其架构是"把《春秋》的意义与天的意志结合在一起"②,应该是正确揭示了董氏形上学的特征。当然在对策中,董仲舒也会利用《春秋》学中一些经验性的命题,如为表明独尊六艺的必要性,先说到"《春秋》大一统者,天地之常经,古今之通谊也"③,这对皇朝统治者自然是会有格外的说服力。但董仲舒表述中说到的"天地之常经"云云,也已带上形上的色彩,所以还是可以看作是其整个形上学语言中的一部分④。董仲舒所以能如此娴熟地运用形上的语言于其对策中,当然是得益于他对此通盘的构思,而这在根本上反映出汉代学者对儒学形上学发展的价值是有准确的理解的。

  当然汉初儒学形上学的成绩也并不完全是在经学框架下做出的。在汉初陆贾、贾谊的政论中也可以看到有很多同样意义的内容。如陆贾《新语·道基》作为一种政论而谈到"礼仪不行,纲纪不立,后世衰废,于是后圣定五经,明六艺",这表明陆贾的认知倾向是很有儒学性的,但《道基》的开首说的则是:"传曰:'天生万物,以地养之,圣人成

---

① 班固:《汉书·董仲舒传》,《汉书》,第 8 册,中华书局 1983 年版,第 2523 页。
② 徐复观:《中国经学史的基础》,《徐复观论经学史二种》,上海书店出版社 2002 年版,第 172 页。
③ 班固:《汉书·董仲舒传》,《汉书》,第 8 册,中华书局 1983 年版,第 2523 页。
④ 班固:《汉书·董仲舒传》颜师古注曰:"一统者,万物之统归于一也。"这是从抽象的意义上来解说"一"的意义,而《春秋》学中的"大一统"本来只是就对周王朝法统的认同而言的,颜氏显然是体味董策所含的形上的深意,不为无理。

之。'功德三合,而道术生焉。"①这是很形上的语言,而对《道基》的整个论旨是高屋建瓴的一个导引。徐复观在评论贾谊《新书》的论旨时说:"他认为能修治(实现)《诗》《书》《易》《春秋》、礼之道,便可与创造阴阳天地、人与万物之德,合而为一,由此以言五经所含价值的崇高、广大。"②六艺与"阴阳天地"乃至"人与万物之德"的关系,当然不是由经验所可能告知的,只能是由超验思维来回答的问题,因此反映出贾谊方法上对于形上元素的追求和借助。这就是汉初一般儒学也在作形上学努力的例证。它们同儒学中的经学在这个成就上是相得益彰的。在经学范围内,因附着的文献不同,也有具不同构思和含不同元素的形上学构架出现,其中比如《易》学象数派的工作就是有很特别语汇和逻辑的一种形上学建设(当然同时其也具有某种古代技术和神秘文化的性质),而这在西汉一度非常发达。此外汉代纬书对经学正宗的渗透很突出,而其中包含的大量神秘内容同古代形上学概念有着千丝万缕的联系。从过程上看,它们都对汉代经学形上学的建设和发展产生过影响。

汉代经学形上学建设的努力无疑是极成功的。这方面的效果可表现在三个方面:一是成功地使其创造的形上学语汇稳定地成了古代政治运作中对最高端问题解释的工具。这只要看汉以后历朝政治文献的写法就可以有深刻印象。二是借助于整个形上学架构的被接受,六艺作为这一架构的载体在国家政治生活中的至高地位也随之被空前地确定下来。三是汉代经学形上学的内容本身,在总体上是代表了古代中国很高水平的认知活动,因此它支持了古代中国形上学的持续的发展,并在这一发展中留有重要的印记。而也正因为这样,从汉代开始完整发挥作用的古代文献传统也才可能长久地拥有认知上的

---

① 王利器:《新语校注》,中华书局1986年版,第1页。
② 徐复观:《中国经学史的基础》,《徐复观论经学史二种》,上海书店出版社2002年版,第168页。

支撑力并使其始终存在。

三、东汉经学对儒学经世内容的开发与总结为古代文献传统作用的完整实现提供了范本

汉代经学在促使国家赋予儒家经典以对国家政治有规定作用的特殊地位后,为使儒家经典真正实现这种作用,做出了一些重要动作,尤其是在阐明儒学的经世的意义上有重要成果,意义十分重大。

儒学本身是具有明确的经世的目标的。汉代儒学并不例外,其经世的取向从汉初陆、贾乃至晁错等人的政论之作及言行中已可以看得很清楚。汉代经学从一开始也秉承了这个传统。如《尚书大传》说:"六《誓》可以观义,五《诰》可以观仁,《甫刑》可以观诫,《洪范》可以观度,《禹贡》可以观事,《皋陶谟》可以观治,《尧典》可以观美。"①伏生对《尚书》各篇宗旨的这种解说很精准而完整地指向古人所看重的经世的各个环节,很突出地表现出汉代今文经学经世的一面。在汉朝的政治运作中,儒者也很早就竭力利用可能的条件将对经义的解释沿用于政务中。如《后汉书》追记董仲舒致仕后,"朝廷每有政议,数遣廷尉张汤亲至陋巷,问其得失,于是作《春秋决狱》二百三十二事,动以经对,言之详矣"②,就是很典型的例子。

但是汉朝很晚才开始在朝政中引用儒家经典。在《汉书·高帝纪》所记录下的汉高祖称帝后的九次诏书片段中,没有一处引用文献,当然也没有引用六艺。徐复观曾表示《汉书·魏相传》述"魏相表奏引高皇帝所述书天子所服第八,则显已受《吕氏春秋》十二纪纪首的影

---

① 王先谦:《清经解续编》,第 2 册,上海书店 1988 年版,第 419 页。
② 范晔:《后汉书·杨李翟应霍爰徐列传》,《后汉书》,第 6 册,中华书局 1982 年版,第 1612 页。

响",而后者是"经学中组成分子之一"①。但这毕竟还不能当作高祖朝诏文引用儒家经典的直接例证。《汉书·文帝纪》记录文帝下诏书事十多例,唯十三年记"除肉刑法",据《刑法志》所载文帝令,其中提到了"《诗》曰:'恺弟君子,民之父母'"②。这可能是迄今确知在古代皇帝诏书中直接援引儒家经典的第一例。这固然同文帝对文献价值的认同有关,徐复观甚至认为这表明"文帝已有意识地想在儒家经典中寻找有意义的导向"③。这则材料可以看作是古代文献传统完整地发挥作用的开端,其意义非常深远④。只是在景帝朝时期,文帝朝开始的这一做法重被遏制,景帝诏书复无一引用儒家经典。

然而到武帝朝时期,经书开始重新在皇帝诏书中被引用,在朝廷各类文书中以儒家经义为说者也越趋多见。如在《汉书·武帝纪》中,可以看到元朔元年三月诏曰:"……《易》曰'通其变,使民不倦'。《诗》云:'九变复贯,知言之选'。"元鼎五年十一月诏曰:"《诗》云:'四牡翼翼,以征不服。'……《易》曰:'先甲三日,后甲三日。'"元狩元年四月诏曰:"朕闻咎繇对禹,曰在知人,知人者哲,惟帝难之。"颜师古注:"《尚书·咎繇谟》载咎繇之辞也。"⑤所引用文献的种类(已有《诗》《书》《易》)、篇目和频率似乎都有所增加,而《汉书》本纪的这些记录应该还不是完整的。自武帝朝后,儒学出身的大臣在朝政中引经义为说的做法越趋多见。如元帝朝时的平当"以明经为博士",而"每有灾异,当则

---

① 徐复观:《中国经学史的基础》,《徐复观论经学史二种》,上海书店出版社 2002 年版,第 177 页。
② 班固:《汉书·刑法志》,《汉书》,第 4 册,中华书局 1983 年版,第 1098 页。
③ 徐复观:《中国经学史的基础》,《徐复观论经学史二种》,上海书店出版社 2002 年版,第 178 页。
④ 徐复观:《中国经学史的基础》中提道:"(汉文帝)元年三月养老诏中引'孟子曰:老者非帛不暖,非肉不饱。'"(《徐复观论经学史二种》,上海书店出版社 2002 年版,第 177 页。)按,《汉书·文帝纪》原文为:"(文帝诏)又曰:'老者非帛不暖,非肉不饱。'"无"孟子曰"。《孟子·尽心上》则有:"……使养其老:五十非帛不暖,七十非肉不饱。"文帝诏可看作是对《孟子》大意的间接引用。
⑤ 班固:《汉书·武帝纪》,《汉书》,第 1 册,中华书局 1983 年版,第 169、185、174 页。

传经术,言得失",甚至"以经明《禹贡》,使行河"①。就是已很普通的一例。徐复观说:"自此(指武帝立五经博士)以后,……'经义'的作用,有如……宪法。"②从西汉政治与儒学关系变化的方向看,儒家文献最终确实会在国家生活中居于这样的地位,也就是会在国家政治中扮演越来越重要的角色,越来越被当作对国家政治合理性和正当性解释的权威来源(当然西汉不可能有真正的"宪法",徐说应只是个比喻)。西汉经学沿这个方向对事态有不断的推动,至东汉朝,皇帝诏书援引儒家经典已比比皆是,官员在政事中论儒家经义也不再新鲜。但是导致儒家经典及经义真正成为国家意识形态的完整表达和等同于国家大法的最高文献的最后一个重要步骤和明显标志,是西汉后期至东汉经学发展上的又一重要动作,那就是对经说的全面整理,以制定经说的标准模板。

　　西汉宣帝时的石渠阁会议是汉代经学试图对经说整理的第一次重要尝试。虽然其成果有限,对于各家在经义上的分歧也并没有真正弥合,但这已经是古代中国文献传统的一种独有的表现,因为这次会议毕竟是由朝廷组织,皇帝亲自参与,所以已经不同寻常地显示了古代中国皇朝对建立文献与国家关系规范的高度重视,凸显了文献在古代中国国家政治中与众不同的地位。这是文献作用在西汉推进的最高成就。石渠阁会议的最重要意义不是在学术上,或经学上,而是在政治和社会的层面上,因为它实际上是在开始为古代中国皇朝规定一种在重视文献作用的基础上使国家和社会运转的模式。这对中国以后历史的影响极为深远。当然石渠阁会议只是一个开始,真正通过由国家召集对经说进行整理,完成含有对儒家经义权威解释的标准经说文本,并以此标志着古代文献传统开始完整发挥作用的,也许应该说

---

① 班固:《汉书·隽疏于薛平彭传》,《汉书》,第 10 册,中华书局 1962 年版,第 3050 页。
② 徐复观:《中国经学史的基础》,《徐复观论经学史二种》,上海书店出版社 2002 年版,第 178 页。

是其后东汉章帝时的白虎观会议及著名的《白虎通义》。

白虎观会议的发起有其经学学术的缘由。《后汉书》记杨终向章帝的建言谓:"方今……章句之徒,破坏大体。宜如石渠故事,永为后世。"①这是不满于今文经学方法流弊的表示,很显然是西汉以来经今古学纷争延续的反映。但是汉章帝的批诏,则将杨终提议的这件事最终引导到与皇朝大业相关的高度上,说:"至永平元年,长水校尉儵奏言,先帝大业,当以时施行。欲使诸儒共正经义,颇令学者得以自助。……其勉之哉!"②这道出了汉章帝及以后的其他中国皇帝关心经学的根本原因,那就是将儒学置于由国家授权的至高地位上,是因为这是令"先帝大业"得"以时施行"的国之大计。所以白虎观会议的意义在其首要目标上是超出经学范畴的,其实是国家利用经学成果为治国方略寻找权威理据的一次大型的努力。这后来成为中国皇朝政治运作上与文献有关的一个模式。

从《白虎通义》的全部内容及其对东汉皇朝政治和社会生活的影响看,除其在经学史上的意义外,有两方面的表现是应特别注意分析的。一是白虎观奏议在廓清儒家全部经说的过程中,几乎等于同时阐述和讨论了古代所有经世的问题。这只要看一下《白虎通义》的全部纲目就一目了然了。其中有关于国家政治结构和皇朝权力构成原理的"封公侯""爵""号""谥""京师"等问题,有关于皇朝军事体制、朝政准则、吏治规范的"三军""诛伐""谏诤""致仕"等问题,也有关于国家祭祀活动体系的"五祀""社稷""礼乐"等一系列问题,可说涉及国家和社会生活的所有方面。虽然《白虎通义》本身所论的是三代之事,但在汉代已广泛接受的对于古代文献的读法上,经典之论在对现实事项的判断中是有约束力和证明力的。因此《白虎通义》的问世实际上等于

---

① 范晔:《后汉书·杨李翟应霍爰徐列传》,《后汉书》,第 6 册,中华书局 1982 年版,第 1599 页。
② 范晔:《后汉书·章帝纪》,《后汉书》,第 1 册,中华书局 1982 年版,第 138 页。

向世人表明：儒学是所有学人经世的指南和百科全书，当然同时儒学经义也等于是或好像是国家和社会共同的大法，如徐复观所说的那样。古代中国固然是没有真正的宪法概念的，是汉代统治者利用经学成果，以古代经典的语言向全社会提出国家和社会行为的最终依据，可以说是在人类发明宪法以前文献对国家和社会生活发挥指导作用的最高表现，而这几乎只是在中国古代才得到完满的实现。这正是我们所说的中国古代文献传统的独特作用。由于《白虎通义》的这方面意义，可以说东汉经学对儒学经世内容的开发与总结是为古代文献传统作用的发挥制定了范本。

二是从白虎观奏议的发起和章帝批诏的全部含义看，可以很清楚地看到古代智力活动同国家和社会意志的紧密关系及在整体上相纠缠的状况。儒学同其他古代思想和政治流派一样，同时也是古代中国学术的主要表现形态。汉代经学在发展自身作为一种学术所应有的规范和积累成果方面较之早期儒学和其他诸子已有长足的进步，是古代中国学术形态演进的重要奠基期。但与此同时，汉代学术也天然地从其前身继承了高度重叠于古代政治与社会命题的特性，因此当其成功地构筑起中国古代文献传统首次完整发挥作用的政治性的程序时，它并没有对学术作为一种有独立目标和方法的高级智力活动的意义有明确的认识，虽然事实上《白虎通义》的全部内容恰恰是西汉以来经学学术成果的结晶。因此，古代中国在极大地实现了文献对政治和社会的功用的同时，尽管这种局面事实上是由不断进步的学术活动成果所支撑的，却从未对学术活动自身的价值有足够的认定，留给学术独立发展的空间也始终是脆弱和不确定的。在东汉时期的发展上，对白虎观奏议和汉章帝的批诏就都不能完全看成是学术性的，当然也不完全是政治性的。从历史的记载看，汉章帝的批诏其实是披露了他对东汉经学作为学术的发展的方向有不俗的见解的，即所谓"扶进微学，尊广道艺"，也就是希望鼓励古学。这应该属于学术性的考虑，但作为奏议之最终结果的《白虎通义》本身却显然并不完全致力于体现这一点，这就说明汉章帝最终发起白虎观会议的动机和会议的意义已并不完全在学术上。只是汉代经学毕竟在表现古代学术上是有其独立发展的目标和方法的，因此从汉代经学的发展中，我们可以看到古代学术本身及其作用正在发生的一种分化。那就是，其一端非常突出地演进成为支持国家和社会有序运转的古代文献传统的基础；而另一端则作为积累高端认知成果的古代智力活动的中心有某种平行的、虽然还不是完全独立的发展。这种分化在汉以后的历史上可以有多种例证。例如我们会看到在许多时期，学术在很大程度上非经学化，而经学却仍然在生长并持续地支持古代文献传统发挥作用。但是经学本身既包含古代较具学术性的智力活动（《清经解》和《清经解续编》所收著述为清代最具重要性的学术成果之最大宗即是最好例证），又担当支撑古代文献传统发挥作用的重任，总的说来还是古代中国运行的常态。由此也进一步证明，中国古代的文献传统尽管与古代包括经学在内的所有认知活动都有关系，但它受经学的影响和制约无疑是最大的。这只能令我们感叹：生成于两千多年前的儒家经典六艺，作为文献，其所具有的力量是何等之巨大！

四、传统的现代去路：文献传统对于中国现代发展之利弊

中国古代的文献传统在非常漫长的历史时期内支持了古代中国的整个发展。因此对于中国历史进程的构成而言，其重要性是不言而喻的。但是究竟为什么中国人可以在两千多年的时间跨度里面始终笃信儒家经典具有指引和说明整个社会生活之目标及人们一切活动理由的力量呢？这当然是与许多因素有关的一个问题，在此我略谈如下几点（不作为完整的解释）供讨论。

首先,汉以来形成的中国古代文献传统完整发挥作用的事实,不仅支持了古代皇朝政治和社会生活的运行,而且在整个过程中对民族认知形成深刻和有力的塑造。在这一传统漫长而不断加强的作用下,终于使全体中国人习惯于认为六艺的全部内容是对中国问题的圆满解答,是可以解决国家和社会包括个人所能遇到的任何问题的。人们相信这些儒学经典的智慧无所不包、无所不知、无所不能。这种民族性的认知姿态成为对所有人起作用的力量。以致可以说,由于古代文献传统的存在和长久发生作用,古代中国人逐渐把经典本身当作了一种实际存在的力量,深信它们是必须被尊奉的。这种意识本来是由文献传统造成的,反过来它又支持了这个传统的长久存在。

熊十力曾对中国近代知识界思想先进之人士的心态有过一段描述,指出在近代"西学输入渐盛"的情况下,"维新派之思想,初尚依经义以援引西学"[①]。这实际上是说,近代中国的先进知识界虽深知西学固然有其长处,但仍以为不出中国经典早有之范畴。熊举例说:"如《易传》之尚名数与制器尚象,……资以吸收科学。《周官》有许多大义,用以比附当时所期望之宪政。"[②]这些在今天看来简直很有些奇特的认识在世界近代文化发展的背景下已尽显其无知甚至可笑,但受古代强大传统支配的近代中国精英在看中国发展的问题时却就是处于这样的认知水平上。由此,我们应很容易理解古代人们以经典为永久万能是何等自然了。古代文献传统造成的这种认知态势反映了对于人类生活内容的一种固化的看法,这同儒家经典所主张的以上古为治世的历史观也不无关系。因此,古代文献传统不仅导致对文献作用的夸大,儒家经典本身也在封闭对生活中变化的了解和研究。这些都使得中国人在经过很长时间跨度后才终于认识到古代经典所给出的认

---

① 熊十力:《读经示要》,上海书店出版社2009年版,第56—57页。
② 熊十力:《读经示要》,上海书店出版社2009年版,第56—57页。

知结论，尤其是其认知世界和生活的方法，有很多是虚幻的。

其次，儒学形上学支持对文献无限作用的幻觉。古代中国把所有知识和认识在构造上和发生上的关系都看成是一元的，也就是对于经验的知识与形上的思考这两者的不同作用和意义是不严格区分的。这同儒家经典的《易经》哲学的特点有关，因其理论不仅是泛系统论的，而且其允许形上的思考侵入对于经验问题的回答中①。因此古人有时很难发现其经验的思考和研究所遇到问题的实质，很容易从形上的方法中得到回转而满足。所以，古代文献传统提供的思想工具在古代生活中有超强的适应性，而不论其中带有多少被掩盖的缺陷。

最后，古代生活的技术内容在实现中国经典所指示的生活模式的意义上不是最重要的，在中国古代的生活目标中，人文要素的建造和雕琢要重要得多。中国传统所倚重的古代经典在这一点上有极精彩之笔，它对古代生活的黏着力是无可逾越的。甚至在近代以来的技术使我们离古代经典所要求的时代条件越来越远时，人们仍然非常看重留下经典中那些只同人的单纯生活方式有关的各种格言。换言之，在人的生存的问题上，中国经典确实曾为中国人提供了有用的指导。这种有用性在很多方面也同时具有了超时代性。

中国古代文献传统的存在是影响中国人两千多年的历史，在现代中国发展中，它会带来怎样的一些问题？现代中国的合理的对待又应是什么呢？这可能依然是现代中国人需要认真思考的问题。对此笔者也简单地谈这样几点想法：

首先，古代文献传统本身对现代生活的意义已不存在。但是古代文献传统对全民族认知活动姿态施加深刻作用的后果在现代生活中还会有长久的影响和表现。比如现代生活中仍然可能出现与古代情

---

① 参见谢维扬：《至高的哲理——千古奇书〈周易〉》，生活·读书·新知三联书店1997年版，第147—162页。

况相似的、仅从文献和"经典"中寻求现实问题答案的做法。在中国现代史上可以找到很多这样的例子,乃至在中国最近数十年的发展中,仍然可以看到出现过与这一问题有关的一些认知过程。中国近三十年来的历史则表明,中国思想界从中国发展的目标要求出发,在关键时刻很必要和很成功地回答了其中的有关问题,是使得中国现在成功发展的重要条件。因此,一个重要的认识就是:对于现代中国而言,只有彻底摆脱古代文献传统所包含的那种对文献作用的虚妄的认识,始终从生活的真实要求出发来决定一切行动,才可能有真正的发展。

其次,上文提到,在古代文献传统形成后,古代智力活动的目标和作用都发生分化,但在整个中国古代,也是由于文献传统的作用,学术的目标和方法始终是与国家和社会意志相纠缠的。在现代中国,尽管学术仍然有其为国家和社会的需要服务的一面,但同传统模式相比,学术在国家和社会生活中发生作用的概念已深刻改变。只是在这方面我们可能仍需要更好地来探索真正摆脱传统模式的不合理性、更适应现代中国发展要求的做法。

再次,古代文献传统由于将儒家经典置于至高的位置,在漫长的历史过程中导致传统中国对思想的尊重,对高级认知成果的尊重,以及着力于对全社会有重大影响的思想表达的寻求。因此,古代经典在一定意义上培养了古代中国人作深刻思考的兴趣,也极大地营养了古代中国人共有的精神生活。这种民族性格和民族兴趣对现代中国的发展是有正面意义的。如果古代中国是有思想的中国,现代中国也仍应该是有思想的中国。不要丢掉对思想的兴趣和放弃追求思想的更深刻性,这或许是中国古代文献传统对今天人们的一个好的警示。在这个意义上似乎也可以说这是一个不完全坏的传统。

最后,古代文献传统作为古代政治和社会生活运作程序的一个部分尽管已不再存在,但是使其发生作用的核心——儒家经典及所有有关的古代文献由于其独特的内容是不会被忘却的。中国经典的永久价值在于摆脱原本纠缠的姿态后所显示出来的古代中国认知本身所达到的成就。中国传统留下的古代经典和更多相关文献，是对现代生活的非常宝贵的贡献。现代人们应当珍视它们。当然不再是让它们在所谓文献传统中起作用，而是通过读懂它们来帮助、支持和启示现代人们的深入思考和塑造人自身。而在这个意义上我们也有可以肯定古代文献传统作用的地方，因为正是在这种传统之下，中国古代产生了如此多数量的记录了如此辉煌的人类智慧的文献。所以我想应该可以说，中国传统的这些经分析后显现的正面的价值（包括上面所说的与培育深刻思想兴趣有关的价值）是可以进入中国的现代生活的。

（原刊于《上海大学学报（社会科学版）》2011年第2期）

下 编

从豳公盨《子羔》篇和《容成氏》看古史记述资料生成的真实过程

真实了解中国古代关于上古历史的大量记述资料的生成过程是十分困难的。为此,以往的学者凭借卓绝的想象力曾提出过许多假说,期以解开其中的谜。顾颉刚先生早年提出的"层累地造成的古史"说便是其中最重要的一例,至今仍被众多学者所高度重视。顾先生假说的一个基点是他认为在西周中期以前不可能出现相当于禹时或更早的古史记述素材,而我们今天所能看到的早于禹时代的古史记述资料则被认为是嗣后好事者"层累地"叠加而形成的。这一假说的真理性在于指出今所见各色各宗之古史记述资料中应有无较早期生成背景的,因此可在史料学概念上区分出一部分价值较低的资料。这对近代史料学概念的建立当然是提供了一则非常重要的前提。所以"层累说"在学术史上是有历史性贡献的。但是"层累说"本身对于复原古史记述资料生成原理这个任务并没有真正完成。从目前我们看到的某些新资料的情况看,"层累说"的基本逻辑可能是不成立的。也就是说,古史记述资料生成的真实过程可能并不如"层累说"主张的那么简明。下面,我想通过近年来广受关注的几宗新出土文献材料的有关情况来说明这一点。

一、豳公盨等对禹素材记述生成年代等概念的突破

豳公盨(一读遂公盨)对禹事迹的大幅记述是在青铜器铭文中罕见的,其内容极不寻常。尤其值得注意的是,虽然盨是西周中期器[①],但它对于顾先生早年非常坚持的对禹的记述只在西周中期以后出现

---

① 李学勤:《论遂公盨及其重要意义》,《中国古代文明研究》,华东师范大学出版社2005年版,第126页。又见裘锡圭:《新出土先秦文献与古史传说》,《中国出土古文献十讲》,复旦大学出版社2004年版,第18页。

古书形成研究与古史史料学问题

图17　豳公盨　北京保利艺术博物馆藏

图18　豳公盨铭文

从豳公盨、《子羔》篇和《容成氏》看古史记述资料生成的真实过程

的说法还是一个突破。因为盨的发现表明禹素材生成显然还要早于西周中期。正如裘锡圭先生所说,"在此盨铸造的时代,禹的传说无疑已经是相当古老的被人们当作历史的一个传说了"①。顾先生对禹素材出现时机的确定是根据传世文献已见资料的记述情况。其在《讨论古史答刘胡二先生》中说:"《周颂》三十一篇没有'禹'的一字,那时人竟没有禹的伟大功绩的观念。一到穆王末年的《吕刑》,禹就出现了。"②根据《诗》《书》立论,应该是很严谨了;但他没有预见到在传世的《诗》《书》之外还会出现遂公盨铭文这样的新出土资料来打破他的估算。这反映出顾先生原来所持逻辑应该是有缺陷的,那就是忽略了见于传世资料整体的状况并非等同于古代记述资料整体的原始状况。裘先生曾就这个事例指出顾先生是"不恰当地使用'默证'",说:"内容不多的《周颂》没有提到禹,怎么能证明当事人就不知道禹呢?"③默证的问题,在《古史辨》初发表时代就有人提出批评④,但并未引起足够重视。现在我们可以说,使用默证的最大问题是讨论先秦史料问题时,对证据的完整性这个要求缺乏具体的体验。这在过去除传世文献外没有其他独立来源资料可资参考的情况下,很难说清楚其中的道理。但是现在看到遂公盨这样的材料,我想原先坚持默证的人也要放弃前说了。所以遂公盨的出现,在古史记述资料生成问题上给我们的启示是非常重要的,那就是:对目前我们所掌握的古史记述资料的整体分量勿估量过度,要留有余地;对其能说明问题的限度也应有恰当意识。

由豳公盨的问题,我们还可以进一步想到,对于已知古史记述内

---

① 裘锡圭:《新出土先秦文献与古史传说》,《中国出土古文献十讲》,复旦大学出版社2004年版,第22页。
② 顾颉刚:《顾颉刚古史论文集》第一册,中华书局1988年版,第128页。
③ 裘锡圭:《新出土先秦文献与古史传说》,《中国出土古文献十讲》,复旦大学出版社2004年版,第22页。
④ 参看刘起釪:《顾颉刚先生学述》,中华书局1986年版,第135—136页。

容中是否以禹素材为最早出现之元素似其实也还可能未可定论。顾先生的"层累说"很看重将禹置于已知古史记述素材最前位置这一点,这在传世文献资料范围内,以顾先生对先秦文献生成关系的理解,尚粗可通,而且对顾先生整个假说十分重要。但实际上,由于王国维早在1917年就已先后发表《殷卜辞中所见先公先王考》和《续考》二文①,而王国维这两篇极其重要文章的主要成果在顾先生工作中却基本没有反应,所以顾先生很可能在形成其理论的关键步骤上对有些重要事实失察了。王国维上述二文的主要贡献是依据殷墟甲骨资料论定了《殷本纪》所载商王世系的可信性,这已为众所周知。但对殷先公的考定,实际上已涉及对传说时期古史记述资料来源的了解,其意义超过了对殷史的研究。因王文所考定的商世系上的有些先公实际生存年代极早,甚至不晚于禹,已经是"古史传说"时期的事项。所以对这些资料的研究,其意义等同于对传说时期历史问题的讨论。如王氏考定的第一人即是所谓"高祖夒",王国维认定此"夒必为殷先祖之最显赫者,以声类求之,盖即帝喾也。"②同时王先生取《礼记·祭法》所记"殷人禘喾"说,谓其"为商人所自出之帝,故商人禘之"。③对于王先生这个考证,尽管在细节上学者中有过一些争议,但从当代一些主要甲骨学者的意见来看,王先生考定的最后结果还是被颇多认可的,即:(一)这个被称为"高祖"的人名可以被认作喾,如于省吾先生谓:"这个字以读忧较为合理,《说文》作夒,字形像以手掩面而哭,帝喾之喾,与慐也同音"④;(二)这个被作为"高祖"祭祀的对象是商王室的先公,亦即商室之人性先祖,对此姚孝遂先生曾明确指出:"卜辞夒为先公名,至于用为沐猴者……二者形体在甲骨文中已有所区分。……卜

---

① 参看王国维:《观堂集林》卷第九,中华书局1959年版,第409—450页。
② 王国维:《观堂集林》卷第九,中华书局1959年版,第412页。
③ 王国维:《观堂集林》卷第九,中华书局1959年版,第412页。
④ 于省吾主编:《甲骨文字诂林》,中华书局1996年版,第1499页。

从齱公盨、《子羔》篇和《容成氏》看古史记述资料生成的真实过程

辞'夒'称'高祖',祀典极为隆重。"①如此,我们似乎基本上可以接受,我们实际上已可看到商代甲骨文献中确已有较之禹生存年代尤早的夒,这说明就真实存在的古史记述素材出现的顺序而言,完全不像是顾先生推断的那样,禹是最早出现的元素,而早于禹的故事便只能是"层累"的结果。

王国维先生在1925年时在清华研究院讲授"古史新证"一课,完整讲述了上述其对于商世系考证的详细内容,随后其尚有一段重要按语,其中说:"由此观之,则《史记》所述商一代世系,以卜辞证之,虽不免小有舛驳而大致不误。可知《史记》所据之《世本》全是实录。而由殷周世系之确实,因之推想夏后氏世系之确实,此又当然之事也。又虽谬悠缘饰之书如《山海经》《楚辞·天问》,成于后世之书如《晏子春秋》《墨子》《吕氏春秋》,晚出之书如《竹书纪年》,其所言古事亦有一部分之确实性。然则经典所记上古之事,今日虽有未得二重证明者,固未可以完全抹杀也。"②王先生这段话的要义,是将考察古史记述资料生成过程的有用史料的范围扩大到有理的最大程度,而他的理由显然就是他所提到的《史记》《山海经》等这些古书所记述的古史中确有在甲骨文中也被认出的内容。王国维的这个认识也许不能说只是出于想象,也很难归之于"信古"观念之所致,应该是王读殷墟甲骨后的深切体会,那就是对古书内容中尚不知的生成过程勿擅言之,虽不可简单地将这些内容径直奉为"信史",但仍可以在承认其复杂性的前提下讨论并确定特定内容本身的价值。所谓"未可以完全抹杀也",就是一种基于承认古史记述内容生成过程复杂性的态度。这也可以说是点明了顾先生先此高调主张的"层累说"对于古史记述资料生成问题解

---

① 于省吾主编:《甲骨文字诂林》,中华书局1996年版,第1499页,姚先生按。姚先生并谓:"卜辞先公有名'夒'。'夒'和'猱'是古今字。……先公名的'夒'字其足部如人直立,而兽名的'猱'字其足部则均屈曲。"见《甲骨刻辞狩猎考》,《古文字研究》第六辑第52页。

② 王国维:《古史新证》,清华大学出版社1994年版,第52—53页。

释的根本问题。而且从王先生上述按语中可以读出,不仅在认定所谓古史记述内容中最早出现的元素的问题上顾先生的方法有弊病,因而被证明并不严谨;更可注意的是在对古史记述资料的其他众多内容元素出现的问题上顾先生的方法也不会确定获得准确的结论。原因就是顾先生的方法对有用的古史记述资料摈斥过多。比如对于殷先公王亥,从王国维考证中可以看到,《史记·殷本纪》和《三代世表》均无记此名而有"振",现在从甲骨卜辞记述知道"振"就是"亥"之讹,《史记索隐》谓《系本》作"核",《汉书·古今人表》作"垓",《吕氏春秋·勿躬》篇作"王冰",《世本·作篇》作"胲",《楚辞·天问》作"该",而《山海经·大荒东经》中就有"王亥",郭璞注引《竹书》则曰"殷王子亥"。按顾先生的方法,由于王亥几乎不见于战国之前传世之先秦文献,所以应很少可能被认为是真实故事。而在对王亥的考定中,王先生所据上述文献,尤其是《山海经》之类,按顾先生方法也都只能算是价值极低的资料一列的,但恰恰由卜辞证明"其所言古事亦有一部分之真实性",而且《山海经》的记述甚至较之《史记·殷本纪》和《三代世表》都要更准确,这也是在顾先生方法下很难得到很好解释的。所有这些情况,联系前述豳公盨对于禹事迹的记述等等,应该表明我们现在对古史记述资料生成的真实过程其实还很不了解,已有的认识中有大量的推测成分,需要进一步深入研究的问题非常多。在这种情况下,顾先生早年创立的"层累说"无疑不应成为对新思考的约束。

二、《子羔》篇所反映的古史概念

上海博物馆藏楚竹书《子羔》篇发表后,由于其也有很多内容涉及古史情节,故也是考察古史记述资料生成问题的重要材料。现在有一种评论,是认为《子羔》篇里记述了孔子向子羔"讲述了(禹、契、后稷)这三位的降生神话,肯定他们是天帝之子",所以推断"作为大一统帝

从盨公盨、《子羔》篇和《容成氏》看古史记述资料生成的真实过程

王世系重要组成部分的、契和后稷皆为帝喾之子以及禹为颛顼之孙鲧之子等说法尚未兴起"①。这个评论的意义是倾向于肯定顾先生早年将古史记述中有关禹、契和后稷等情节同传说中发生在之前的与喾、鲧、颛顼等有关的内容隔断的做法,换言之,是偏向于肯定较早生成的古史记述内容是较短、较少的(即还没有关于喾、鲧、颛顼等的记述)。这实际上很接近由"层累说"支持的古史概念。但对《子羔》篇的内容应如何看待,在细节上还可以有些讨论。首先,对于禹、契、后稷等的感生经历,在古人记述的概念上中似乎并不一律等同于说成是无父而生。例如对于契之生,《子羔》篇的记述是:"契之母,有仍氏之女也,游于央台之上,有燕衔卵而措诸其前,取而吞之,娠三年而划于膺,生乃呼曰'钦',是契也。"②其中并没有提契之有父抑无的问题。这同《诗·商颂·玄鸟》说"天命玄鸟,降而生商",在记述内容上也只涉及感生情节似乎没什么不同。而毛《传》却展开说:"汤之先祖,有娀氏女简狄,配高辛氏,帝率与之祈于郊禖而生契,故本其为天所命,以玄鸟至而生焉。"毛说不知所本,或有本,也已不可考,姑不论,然而由毛《传》说可以看出在汉人认知上,谓契因玄鸟而生与述其有父为高辛氏是不相抵牾的。在战国以来的文献中,对契的感生经历的记述,很多都没有同无父相联系。如《楚辞·天问》的记法就是:"简狄在台,喾何宜?玄鸟致贻,女何喜?"王逸注:"简狄,帝喾之妃也。"《天问》提到喾,这不仅是说契有父,而且明言此父即喾。《楚辞》是战国晚期文献,比《子羔》篇应要晚,但也似乎很难断定《天问》中的知识是必至《子羔》篇问世后才开始生成的。在有关的各种解说中,唯《史记·三代世表》褚先生引《诗传》倒是明说:"汤之先为契,无父而生。"只是这一说法在众多解说

---

① 裘锡圭:《新出土先秦文献与古史传说》,《中国出土古文献十讲》,复旦大学出版社 2004 年版,第 28—30 页。
② 据廖名春:《〈子羔〉篇感生简文考释》,见上海大学古代文明研究中心、清华大学思想文化研究所编:《上博馆藏战国楚竹书研究续编》,上海书店出版社 2004 年版,第 21 页。

乃至记述中反倒是少见的,很难仅据其立论。

而如果就战国文献中关于禹、契和后稷的世系关系的记述而言,似乎本来就不是完全空白的。其中最为人熟知的是《国语·鲁语下》和《礼记·祭法》中的两段话。这两段话的细节有些出入,但都记述了夏、商、周三代王室对于禹、契、后稷之前的先祖的祀典,其中涉及的远古人王有黄帝、颛顼、帝喾等。虽然现在我们还没有条件完全清理出这些记述的来源和确定其可信度,但《子羔》篇没有对上述世系问题发表意见,因此并不能说《子羔》篇是否定这些记述的,或者说《子羔》篇生成时还没有这类记述。有学者认为,《子羔》篇中子羔与孔子的问答反映了当时人们某种"怀疑古史传说"的意识[①],但从《子羔》篇的全部内容我们可以看到,子羔恰恰对于与禹、契、后稷相关的世系问题没有提出疑问。因此我们倾向于不把《子羔》篇看作是"层累地形成的古史"的一个环节,而《子羔》篇的古史概念并不一定要看成是与《国语》等有巨大和根本差别的。这里顺便提一下,有一个细节可帮助我们恰当地看待《国语》等对古史记述的性质,那就是《国语》本身对远古人王故事的记述有不完全自洽处。比如在《鲁语上》中有虞氏是禘黄帝、祖颛顼的,但在《晋语四》中,在记述黄帝之子分为十二姓的故事时,却没有讲到虞的姚姓。这应该会减低《国语》所有这些记述整体是出自有系统编造的可能。有意思的是,我们知道,《大戴礼记·五帝德》因记述上古帝王完整世系向受有"疑古"思想的学者质疑。但实际上,《五帝德》的记述本身似乎也包含一些如同《子羔》篇中某些记述一样的所谓"怀疑古史"的内容,如说:"宰我问于孔子曰:'昔者予闻诸荣伊令,黄帝三百年。请问黄帝者人邪?抑非人邪?何以至于三百年乎?'"《子羔》篇因有所谓"怀疑古史"的问题,人们还可以从这个角度去理解其为何没有记述到舜以前的传说内容。而《五帝德》虽然也有

[①] 郭永秉:《帝系新研》,北京大学出版社2008年版,第113页。

"怀疑古史"的因子,却大谈黄帝以下非常详细丰富的古史细节。如果我们认定《子羔》篇的记法至少对肯定禹、舜故事的真实性有一定帮助,那么《五帝德》的记法也至少对探讨黄帝故事的来源留下一定的空间,因为《五帝德》虽然记述了宰我对黄帝年龄的质疑,然而对黄帝故事本身的真实性等更多问题,却并未质疑。《五帝德》为什么会有这样的记法,我想应当有一个更为耐心分辨的研究过程。

三、《容成氏》对于认识古史记述资料生成问题的帮助

上博简中《容成氏》一篇对于认识古史记述资料生成过程也有重要帮助。那就是由于它所具有的特殊内容,能促使人们反思顾先生的"层累地形成的古史"的假说在事实和逻辑上能否成立的问题。

对于《容成氏》,很多学者都指出,由于其没有包含《大戴礼记·五帝德》中所说的那种五帝系统,因此可以认为《五帝德》形成的年代可能要晚于《容成氏》。但也有学者提出了更复杂一些的看法,如林沄先生曾就《容成氏》所反映的古代对古帝王记述的生成情况指出:"当然不排除同时存在不同说法的可能,但至少说明五帝系统不是普遍认同的古史观。"[1]这里所说的"不排除同时存在不同说法的可能"应该是一个重要的认识,它表明对于古史记述资料形成过程的完整认识应估计到,它可能是一个比较复杂的、多线条、多系统的过程,而不是只有一个统一线索的过程。《容成氏》现存部分所记述的传说时期历史内容的特点是,它有序地叙述了自远古开始的整个古史历程,并大体上可分作三段:一是尧以前;二是从尧至禹;三是禹以后[2]。其中尧以前有

---

[1] 林沄:《真该走出疑古时代吗?——对当前中国古典学取向的看法》,《林沄学术文集(二)》,科学出版社2008年版,第284页。
[2] 参见陈剑:《上博简〈容成氏〉的竹简拼合与编连问题小议》,上海大学古代文明研究中心、清华大学思想文化研究所编:《上博馆藏战国楚竹书研究续编》,上海书店出版社2004年版,第327—334页。

一

崮是苍疋是乔结是仓颉是轩缓是新戎是樟~是墉逞是之又天下也皆不受亓子而受叚亓愳酉清而上恶

容成氏

图 19 上海博物馆藏战国楚竹简《容成氏》(一)

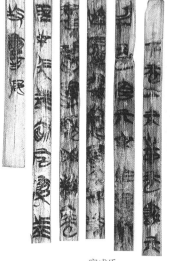

二

下而一亓志而寝亓兵而官亓才於是虖唸鼙埶燭桓戎鼓瑟盛盅獸門敘需爲矢長者酥氐叟者坎響瘦

容成氏

图 20 上海博物馆藏战国楚竹简《容成氏》(二)

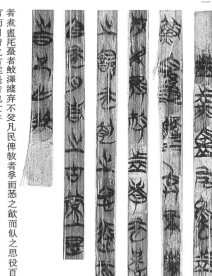

三

者煮盥氐蚤者鲛泽漉弃不受凡民侔敘者孥而惢之歆而飮之思役百官而月青之古堂是皆也亡并

容成氏

图 21 上海博物馆藏战国楚竹简《容成氏》(三)

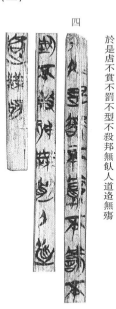

四

於是虘不賞不罰不型不殺邦無飢人道迨無殇

容成氏

图 22 上海博物馆藏战国楚竹简《容成氏》(四)

从齮公盨、《子羔》篇和《容成氏》看古史记述资料生成的真实过程

完整名称的原只存八位古帝王,经李零、廖名春先后据《庄子·胠箧》和《太平御览》卷七六、《资治通鉴外纪》卷一、《路史·前纪六》引《六韬》佚文《大明》等补"容成氏"以下十三人,应可以成立,至少"相当可能"①。这里应特别注意到的是,其第一段与第二、第三段叙述的内容显然有着不同的来源。以徐旭生先生在《中国古史的传说时代》中对古代古史记述系统问题的分析来看,第二段和第三段所叙述的内容大体上应与所谓东方系统的"五帝说"相契合(但无完整表现),而第一段所说则与此系统了无干系②。这一段中所叙述到的古帝王(包括原残缺而由学者合理补释的部分),有的与《庄子·胠箧》等提到的相合。《庄子·胠箧》的有关记述是:"昔者容成氏、大庭氏、伯皇氏、中央氏、栗陆氏、骊畜氏、轩辕氏、赫胥氏、尊卢氏、祝融史、伏羲氏、神农氏……"见于今存简文的则有(尊)卢氏、赫胥氏、轩辕氏、神农氏等。所以应该说,《容成氏》所记述的古帝王系统与《庄子》的古史记述内容有密切关系,这是可以推定的。而《庄子》的这个古帝系,据徐旭生的分析,后来被采入源自《春秋纬》中的《命历序》的古史系统③。总之,不仅《容成氏》与《五帝德》《帝系》之间有受不同古史记述系统支配的问题,就是《容成氏》自身内部,也有很复杂的受不同古史记述系统影响的问题。既然如此,对于古史记述资料的这种复杂关系仅用一种关于系统伪造的理论来解释,显然是不充分的,因而也是远不能视为定论的。而对古史记述资料生成过程作单线性的解释恰恰是"层累说"的特点。我曾经提出,《容成氏》对于认识古史记述资料生成过程的重要性恰恰在于它第一次为我们提供了有比较确定的年代、又包含了多种古史记述系统内容的古史记述文本。有了这样的资料,"层累说"的问题就凸显出来了。因为,事实上,《容成氏》的出现对"层累说"会构

---

① 参见陈丽桂:《谈〈容成氏〉的列简错置问题》,《上博馆藏战国楚竹书续编》,第335页。
② 参见徐旭生:《中国古史的传说时代》,文物出版社1985年版,第204—215页。
③ 参见徐旭生:《中国古史的传说时代》,文物出版社1985年版,第242—259页。

成如下的不可解问题：如果可以把《容成氏》形成的年代看成要早于《五帝德》，那么依照"层累说"的逻辑，《五帝德》所记述的远古帝王世系的内容应多于、前于《容成氏》，但实际情况却恰好相反；《容成氏》所记述的古史内容比较《五帝德》明显要早得多，也多得多。而如果因此反过来把《五帝德》的年代提早，那么《五帝德》所记述的古帝王系统就可以被认为出现较早了，这也是与"层累说"的主张不相容的。甚至于即使如林沄先生推测的那样有可能二者是"同时存在"的，那对于"层累说"也不能满足和接受，因为既然同时存在的《容成氏》记述的内容已超过了《五帝德》《帝系》，就不再能将《帝系》《五帝德》的记述完全说成是对已有记述不断叠加的结果。这些问题应该说反映出"层累说"思考中粗糙的地方，而且这看起来好像只是一个逻辑的问题，实际上却同"层累说"对于古史记述资料形成过程的实际并未真正了解和掌握有关。正因为这样，看来对古史记述资料生成的真实过程的确切了解，还需要依赖学者们从对最新资料深入掌握出发，来做真正完整的思考和研究。

（原刊于《上海文博论丛》2009 年第 3 期）

从《清华简（壹）》看古书成书和流传的一些问题

自二十世纪末以来,随着新出土古代文献资料不断涌现并得到研究,人们对古书成书和流传问题越来越重视,提出了许多重要看法,对于完整理解古代文献形成过程和所具有的史料价值问题有重要意义。《清华简(壹)》的出版又为我们思考这一问题提供了更新、更好的材料。在这方面,《清华简(壹)》所反映的一些问题是以前的资料中还不很明确的,因此极其珍贵。

　　对于古书成书和流传问题的关注,主要是源于对古书价值判断的需要。因为如果对古书实际形成的过程理解不准确,那么对其价值的认定也很难做到正确。迄今人们关于古书成书和流传问题论述的重心是指出中国上古时期古书成书和流传的过程绝不类于中古以后的情形,而要比后者复杂得多。在此我觉得仍应该提到,李学勤先生早年的《对古书的反思》一文①,以及李零先生的《出土发现与古书年代的再认识》②,是在这方面讲得比较早、也比较明确和充分的两篇论述,而都着重指出了这一点。他们所提出注意的古书成书和流传中的许多重要特点,在人们还无法接触新出土古代文献实物的时候,虽已有人根据对传世文献特征的仔细体会初步看到了,如余嘉锡对古书体例的研究,但是在对新出土文献资料分析的基础上坐实这些看法,并且还总结出新的特征,其意义自然更大。而这些特征有很多这次在《清华简(壹)》的材料中也都可以得到更明确的印证。

　　例如李零据余嘉锡研究提到的"古书多无大题"的问题,在《清华简(壹)》中得到充分证明。《清华简(壹)》的多篇应属于《尚书》或《逸

---

① 李学勤:《简帛佚籍与学术史》,江西教育出版社2001年版,第28—33页。
② 李零:《李零自选集》,广西师范大学出版社1998年版,第22—57页。

周书》的文字,无一有"书"大题。有的甚至缺篇题,如《尹至》《尹诰》(《尚书》)《程寤》《皇门》(《逸周书》)等①。但也有有篇题的,如《耆夜》②。李零认为古书不题大题与古书多单篇流行且分合无定有关③,应该是有道理的。而单篇文字著或不著篇题看来还应有进一步的原因。《清华简(壹)》中还发现一些篇目有篇题,然不同于传世本题名,如《金縢》在原简简背上是有篇题的,作"周武王有疾周公所自以代王之志";《逸周书》的《祭公》,在原简正面下端有篇题"祭公之顾命"④。这又应该反映了古书在成书过程中的一些更复杂的情况。再如李学勤归纳的古书产生和流传中须注意的"十种情况"中的"异本并存"情况,在《清华简(壹)》中也有绝好例证,那就是《金縢》与传世的今文《尚书》本同名篇目显系同一篇文字,但两者还是在一些地方有重要差异,但它们分别都做成了并显然同样都有一定程度的流传,在一定时间形成"异本并存"。《耆夜》则反映了与《诗·唐风·蟋蟀》可能一度并存的"异本"(对《金縢》和《耆夜》下文还将作讨论)。而在对古书成书和流传问题认识上最重要的一点,即"古书的形成每每要有很长的过程"⑤(同时也是很复杂和纠缠的过程),在《清华简(壹)》中可以说也得到了完全的、进一步的证明。

  由于有了《清华简(壹)》这宗资料,也促使我们在古书成书和流传问题上连带想到一些问题,可能对完整了解古书成书和流传问题有意义。以下我根据对《清华简(壹)》的初步了解,谈两点不成熟的想法,还望各方家予以指正。

---

  ① 清华大学出土文献研究与保护中心编、李学勤主编:《清华大学藏战国竹简(壹)》,中西书局 2010 年版,第 127、132、135、163 页。
  ② 清华大学出土文献研究与保护中心编、李学勤主编:《清华大学藏战国竹简(壹)》,中西书局 2010 年版,第 149 页。
  ③ 李零:《李零自选集》,广西师范大学出版社 1998 年版,第 28 页。
  ④ 清华大学出土文献研究与保护中心编、李学勤主编:《清华大学藏战国竹简(壹)》,中西书局 2010 年版,第 157、173 页。
  ⑤ 李学勤:《简帛佚籍与学术史》,江西教育出版社 2001 年版,第 32 页。

从《清华简（壹）》看古书成书和流传的一些问题

一、古书文本形成的复杂关系

近些年，由于可直接观察的古书资料实物日渐增多，人们对古书的真实面貌，包括形式与内容，以及种类和文本特征等，都有了更深入的了解。但有一个问题迄今还是极不明朗的，即迄今人们所看到的这些古书资料实物，作为真实存在过的某种文本，其相互间的关系究竟是怎样的？ 也就是说，在这些文本中，是否存在某些具有特殊的、类似于今天所谓"版本"的意义的"定本"或"标准文本"？ 如果有，我们又如何将其从其他只用于普通实用需要的众多随意性抄本中区分出来？ 从目前对出土的古书实物资料了解的情况看，要提出或解决这个问题还非常缺乏基础。这可能是古书研究者所共同感觉到的。换言之，对所有这些出土的古书资料文本，现在还完全无法对其实际使用的性质做出分别。上文提到的李学勤关于古书成书和流传过程中"异本并存"现象的论述，实际上也反映了这一点。因为既然说"并存"，便意味着相关文本在所说的时间里面有可能是地位相当的。李先生当时所提到的例证多涉汉代初年，如说马王堆"帛书《周易》与传世本经文是并存的（而不与之雷同——引者）"，"帛书《老子》先《德》篇后《道》篇，曾引起学者惊异，而今传河上公本实际上也不是晚出的，汉初也可能存在"①。但如果汉初尚且如此，则早至于先秦，就更不可能反而有所谓"定本"了。所以李零曾经说："我的印象，战国秦汉的古书好像气体，种类和篇卷构成同后世差距很大；隋唐古书好像液体，虽然还不太稳定，但种类和构成渐趋统一；宋以来的古书则是固体，一切定型，变化多属誊写或翻刻

---

① 李学勤：《简帛佚籍与学术史》，江西教育出版社2001年版，第31页。

之误。"① 按照这个表述,中国直到汉代时候,距形成使古书定型的做法还很远。不过这个比喻可能稍有点过,因为我们也知道至少从西汉后期开始已有对"官方藏书"整理的过程,如李零也提到的"向、歆"对古书的校定②等。所以汉代本身在这方面可能有一个变化过程。但是对汉以前古书成熟和流传的认识,在所谓"定本"的问题上,确实还没有任何供我们确切辨认的基础。

《清华简(壹)》在这一点上为我们提供了新的、更有力的讨论材料。《清华简(壹)》编为《周武王有疾周公所自以代王之志(金縢)》的一篇,通篇文字与《尚书·金縢》"大致相合",整理者认为"当系《金縢》篇的战国写本"③。所谓"写本",或有排除其作为"定本"的意义。但对于简本与传世本内容上的差异,李学勤有一个评论,即根据简本里面"没有传世《尚书·金縢》中涉及占卜的文句",推断"清华简与传世本《金縢》应分属于不同的流传系统"。④ 顺这个思路,或许还可以再进一步推测这个差别可能甚至是缘于属于不完全相同的做成系统,即简本一开始就可能在文本做成的某个环节与传世本分道扬镳。廖名春先生曾非常有根据地指出简本在内容和文字上"晚于今本,劣于今本",以及"今本详尽而竹书本简易"⑤。但从清华简中我们还可以看到不同的情况。如《清华简(壹)》的《皇门》,整理者认为应就是传世的《逸周书·皇门》的异本,而且"简本文通字顺,显然优于今本,可用以澄清今本的许多错误"⑥。因此简本同传世本比较在记述质量上的不同似乎

---

① 李零:《简帛古书与学术源流》,生活·读书·新知三联书店 2004 年版,第 198 页。
② 李零:《简帛古书与学术源流》,生活·读书·新知三联书店 2004 年版,第 198 页。
③ 清华大学出土文献研究与保护中心编、李学勤主编:《清华大学藏战国竹简(壹)》,中西书局 2010 年版,第 157 页。
④ 李学勤:《清华简九篇综述》,《文物》2010 年第 5 期。但是这个说法同上引李先生在《清华简(壹)》中指出简本《金縢》"当系《金縢》篇的战国写本",在对有关文本关系的认识上是有些微差别的,见下文分析。
⑤ 廖名春:《清华简与〈尚书〉研究》,《文史哲》2010 年第 6 期。
⑥ 清华大学出土文献研究与保护中心编、李学勤主编:《清华大学藏战国竹简(壹)》,中西书局 2010 年版,第 163 页。

不是系统性的问题。同时对《金縢》的情况而言,尽管有廖先生指出的事实,有一点还是不得不看到的,那就是即使优于简本的今本早已做成并流传,却不阻碍简本照样形成并有流传的空间。那么在传世本已经形成并流传后,为什么还有简本的出现和流传,还是值得注意的。因为只要我们还不可能确定地从古书文本资料中辨认出不属于所谓"定本"的抄本或"写本"等等,那么推测在传世本与简本生成和流传的一段时间里,在两者之间还不存在孰为"定本"孰为普通抄本的问题,就应该是可以考虑的。李学勤说"清华简与传世本《金縢》应分属于不同的流传系统",实际上就是在一定的时空范围内不坚持在这两种文本中讨论孰为"定本"的问题,因为在古书发展的较早时期很可能这个问题还没有出现。

在这方面,令我们注意的是,《清华简(壹)》中有些古书内容上的一些细节似乎支持作这样的推测。例如《金縢》对于周武王居东的记载是"周公宅东三年"①,而传世本说的则是"居东二年",与明确说周公东征"三年"的《诗·豳风·东山》不合,曾引起各注家异说纷起。因此对于简本,李学勤和廖名春都认为它对以"居东"为东征的孔传有证明的作用②,同时我们还可以说比较传世本它也更与《诗》的记述相一致。而如果今本《金縢》是有所谓"标准本"意义的文本,这种情况似乎不太会出现,尤其是如果简本还"晚于"今本的话。

简本《耆夜》是一篇记述周初史实的极珍贵的文献,现在没有证据表明它与《尚书》等传世文献文本的明确关系,但它的一些内容依然可引起对古书文本关系问题的深思。首先是它记载了武王八年对耆即黎的征伐,这与《尚书·西伯戡黎》记周文王戡黎相距甚远,整理者认

---

① 清华大学出土文献研究与保护中心编、李学勤主编:《清华大学藏战国竹简(壹)》,中西书局 2010 年版,第 158 页。
② 李学勤:《清华简九篇综述》,《文物》2010 年第 5 期;廖名春:《清华简与〈尚书〉研究》,《文史哲》2010 年第 6 期。

为《耆夜》的记法证实了宋以来一些学者对《西伯戡黎》所说文王戡黎事的质疑①。有学者根据今本《竹书纪年》的记述提出周有过两次戡黎,即文王戡黎尚不可否定;或以简本武王戡黎年份与今本《竹书纪年》等记述不能合,故以《耆夜》所记不足信②。但我们从《耆夜》整篇文字来看,是对武王八年戡黎整个活动的颇为完整的记载,连带记述的人物也皆为武王时人,绝不是个别字误所能造成,如果武王八年戡黎不足信,《耆夜》就变成一篇完整造假的文字,这种可能性应该说非常小。对《西伯戡黎》记文王戡黎质疑的学者中有宋代胡宏、陈鹏飞、薛季宣、吴棫、吕祖谦、陈经和元代金履祥、吴澄、王天舆、董鼎等众多学者③,说明可被质疑的理由是比较明显的,而质疑者所说理由亦并非完全虚妄,因此清华简《耆夜》在此细节上与这些质疑的符合,应该可以重视和严肃看待。相比较来说,从各自整篇文字的情况看,似乎传世《西伯戡黎》文本记错周王名称的可能性反而更大些。而我们在这里想提出的是,如果《耆夜》的记述确非臆造,那么它必然授受有自,却绝不会是来自传世本《西伯戡黎》,这说明《西伯戡黎》尽管后来是传世的文本,但在清华简时代它并不具有对有关史实记述的"定本"的作用,这间接反映了它也不太会是当时《尚书》文本的"标准文本"。《耆夜》的记述与传世本《尚书》间的这种巨大差异是非常令人惊异的,这使得我们必须想到,在我们熟悉的古书文本之外,一些与之有重要差别而前所未知的其他文本对于古书的实际形成和流传过程起到怎样的作用。

《耆夜》披露的周公所作诗《蟋蟀》的情况④,对于说明古书文本的

---

① 清华大学出土文献研究与保护中心编、李学勤主编:《清华大学藏战国竹简(壹)》,中西书局 2010 年版,第 151 页。
② 参见刘光胜:《清华简〈耆夜〉考论》,《中州学刊》2011 年第 1 期;复旦大学出土文献与古文字研究中心·学者文库,www.fdgwz.org.cn,2011 年 4 月 30 日。
③ 参见刘起釪:《尚书校释译论》,中华书局 2005 年版,第 1066—1067 页。
④ 有学者对整理者以周公作《蟋蟀》有异议,涉及对简文中"作"字的解释,可以再研究,但尚未可为定论。参见清华大学出土文献研究与保护中心编、李学勤主编:《清华大学藏战国竹简(壹)》,中西书局 2010 年版,第 151 页。

问题也有关系,并很有意思。这指的是《耆夜》所记诗与传世本《诗经》的《唐风·蟋蟀》"文句类同"①,但又不完全一样,我想这实质上也就是反映了《诗》的一种"异本并存"的现象。关于两者的关系,有学者指出,简本《蟋蟀》在文献流传的序列上要先于今本,而今本《蟋蟀》的整理者在改写过程中所依据的版本,与清华简中的《蟋蟀》在版本上关系十分紧密②。由于清华简的年代是知道的(约前300年),所以如果这些分析可以成立,那就意味着不仅今传本做成和流传的时间变得复杂起来,其可能有的版本的意义也更不可确定。因为既然简本至少在前300年时还在流传,那么对于今传本的做成和流传的时间即使可以认定的更早一些,但简本的继续存在则显然意味着传世本的版本意义是有限的,甚至是虚妄的。换言之,即使我们可以认为至少在一部分篇章上《诗》在简本之后形成了更接近传世本的文本,但也不能确定此文本在一定时间内可能具有类似所谓"标准本"或"定本"的作用。所以整个《清华简(壹)》反映的全部情况很可能只是:当战国中期简本《耆夜》还在流传的时候,传世本《蟋蟀》即使已经形成却也不过只是同样在流传而已,并无更多特别意义。总之,清华简内容对我们最重要的一个启示可能就是进一步表明古书成书和流传过程中不同文本间版本意义上的关系是极其暧昧和复杂的,也很可能在很长时期内都并没有出现版本学意义上的所谓"标准本"或"定本"的问题。

二、古书成书和流传情况研究中史料学的要求

前文说过,面对越来越多涌现的原始古书文本资料,尤其是对早期(战国时期)众多新出土古书文本实物,为了讨论古书成书和流传问

---

① 李学勤:《清华简九篇综述》,《文物》2010年第5期,第54页。
② 程浩:《清华简〈耆夜·蟋蟀〉与今本〈蟋蟀〉关系辨析》,复旦大学出土文献与古文字研究中心·学者文库,www.fdgwz.org.cn,2011年6月10日。

题的需要,学者们曾非常急迫地希望找到证据,从各种古书文本的不同表现中,有理地区分出可以看作具有版本学意义上的"标准本"或"定本"性质的文本。现在看来,这不仅事实上迄今未能做到,而且很可能这个问题本身至少在古书发展的早期阶段上是不存在的。这是读《清华简(壹)》后我们进一步明确形成的一个认识。

在这种情况下,我认为从古史研究的立场出发,作为建立合理的古史史料学概念的一部分,对于古书成书和流传问题的研究也应该相应调整它的重心和路径,这样也才是使古书研究更好地服务于古史研究的做法。对此我也结合《清华简(壹)》谈这样两点:

(一)古书成书与流传研究的要点之一是探究不同文本之间可能有的复杂联系

由于上面谈到的古书文本间关系的不确定性,因而很难通过确定特殊文本的方法来帮助检验古书内容的价值(至少在先秦很长时期里面有这个问题),因此即使无法简单确定这些文本间关系的性质,我们也可以特别注意对古书各文本间所有可能的联系的探究,通过它们来帮助认识其有关内容的价值。

在《清华简(壹)》中有一个与此有关的比较极端的例子,即新发现的《尚书》文字《尹诰》。整理者认为这就是原古文《尚书》中的《咸有一德》篇,《尹诰》是《礼记·缁衣》(包括传世本和郭店简、上博简)所引的篇名。但其内容与孔传本古文《尚书·咸有一德》完全不同。因此整理者非常确定孔传本《咸有一德》"确如宋以来学者所考,系后世伪作"[1]。现在仍有学者对晚出古文《尚书》的性质在作较为保守性的分析,对于《咸有一德》则力主并非"魏晋人所造"[2]。这可以说是有关两

---

[1] 清华大学出土文献研究与保护中心编、李学勤主编:《清华大学藏战国竹简(壹)》,中西书局 2010 年版,第 131 页。
[2] 参见黄怀信:《由清华简〈尹诰〉看〈古文尚书·咸有一德〉》,武汉大学简帛研究中心,简帛·简帛文库,www.bsm.org.cn,2011 年 3 月 8 日。

个性质很可能极端相对的文本关系的例子。就我的理解来说说,对于所谓晚出古文《尚书》品质这个问题,清华简《尹诰》的出土无疑在很大程度上增加了它在整体上是后造作的可能。但是我们现在不对晚出古文《尚书》性质这样太大的问题过于简单地来评论,我想说的是研究者仍然需要注意到这样一些情况,即在上述研究所涉及的多宗不同古书文本里面还是可以看到一些共有的内容元素的。比如清华简的首句是:"惟尹既及汤,咸有一德";《礼记·缁衣》所引(称《尹吉》)作:"惟尹躬及汤,咸有一德";郭店简和上博简《缁衣》作"允及汤(上博简假作"康")";而孔传本《咸有一德》则作"惟尹躬暨汤,咸有一德"。从郑玄《礼记》注和孔颖达《尚书正义》的说法来看,郑玄并没有看到过《咸有一德》,因此简本《尹诰》的文字在汉时大抵是失传的,而简本的做成和流传都在此之先,不可能仅从汉时的《礼记》之类断片中获得底本,然而它还是却同《缁衣》(包括传世的或后出简本的)所引文字契合,表明是有某种很复杂的联系串联起这些文本。即使对于孔传本《咸有一德》,由于它毕竟包含了与上述各不同文本契合的"惟尹躬暨汤,咸有一德"一句,其与这些文本间可能有的某种联系也是值得研究的。前人对今本《竹书纪年》的此类研究就是一种有益的经验。总之,上述这些不同文本各自的来源及其关系尽管还可以有进一步的研究,但它们拥有某些共有的内容元素这一点还是说明它们在各自成书和流传过程中是有某种联系的,这是值得注意的。从史料学的立场上看,重要的当然是对文献中内容元素价值的确定。因为在古史研究中用到的最终还是这些内容元素。因此即使面对在质量判断上很有问题的资料如晚出古文《尚书》,还是可以做更细致的研究。这同上文针对古书早期不存在"定本"或"标准文本"的问题所提出的一样,目标就是要求不错过不同文本中所可能包含的有用内容元素,反过来也会有助于更准确复原古书本身形成和流传的复杂过程。从这个意义上说,古书文本的比较研究非常重要,包括对不同文本间可能有的各种联系的仔细研究。

图 23 清华大学藏战国竹简《尹至》

(二) 在古书成书和流传研究中,应加强对古书内容元素活动的研究

由上述讨论自然得出的一个体会就是:从古史史料学的立场上看,对于古书文本问题的研究并不是建立史料学合理概念的唯一重要的基础,应该在深入进行古书文本问题研究的同时,十分重视对古书中内容元素的问题的研究,包括对这些内容元素在不同文献文本中运动的情况和意义的研究。

《清华简(壹)》中的《尹至》一篇,整理者说:"简文记述伊尹自夏至商,向汤陈说夏君虐政,民众疾苦的状况,以及天现异象时民众的意愿趋向,汤和伊尹盟誓,征伐不服,终于灭夏,可与多种传世文献,如《书·汤誓》、古本《竹书纪年》、《史记·殷本纪》等参看",此外还指出"一些语句特别近似《吕氏春秋》的《慎大》",谓《慎大》作者"曾见到过"《尹至》或类似文献[①]。李学勤以这篇文字"体裁属于今传本《尚书》中的《商书》"[②]。《尹至》是今传本《尚书》各文本均未得见的,廖名春也说"如以内容名篇,也可称之为《尹献》或《伊尹谋夏》"[③]。所以作为文本的一系列问题,对于《尹至》还有深入研究的必要。但这完全不会导致对《尹至》内容价值的低估。整理者指出的《尹至》与自《商书》开始、直至汉代的一系列古代重要典籍中古史内容的呼应,是非常值得重视的,在合格的方法上,合理解释这些在不同古书文本中活动的内容元素的原始意义,是可以为我们构建出另一种规格的史料基础的。实际上早年顾先生等"疑古"学者非常依赖于考察古书内容元素活动的方法,所谓"层累地造成的古史"说的主要方法就在于此。但如果将此方法孤立地运用,而不令其建立在对真实的古书文本问题分析、研究的

---

① 清华大学出土文献研究与保护中心编、李学勤主编:《清华大学藏战国竹简(壹)》,中西书局 2010 年版,第 127 页。
② 李学勤:《清华简九篇综述》,《文物》2010 年第 5 期,第 51 页。
③ 廖名春:《清华简与〈尚书〉研究》,《文史哲》2010 年第 6 期,清华大学简帛研究网站。

基础上，那便会很不可靠，所引导的结论很容易凿空。所以我们在今天提出要重视对古书中内容元素活动的研究和考察，完全不是对"疑古"方法的重提，而是针对早期古书文本关系上的复杂关系，力求将观察古书内容构成作为一个补充的角度，为判定古书内容质量提供依据。《清华简（壹）》整理者对《尹至》的上述介绍，我认为正好反映了对研究方法的这种意识。前文提到过，一些谈论过古书成书和流传问题的学者，都说及过古书多单篇流行以及分合无定等特征，不久前冯胜君先生还专门说到在古书成书和流传中还有一种所谓"往往会被不同的文本'捕获'"的"处于游离状态的章节"存在的情况[①]。所说的"游离的章节"实际上与我们所说的内容元素已很接近。大家提到这些现象，说明意识到虽然所有这些都与完整的文本的形态有距离，但却是古书发展中的重要现象。随着对于古书问题研究的不断深入，也许会越加要求我们重视对这些情况的掌握和探究，而这也是《清华简（壹）》对我们的重要启示之一。

（原刊于《清华简研究〔第一辑〕》，中西书局 2012 年版）

[①] 冯胜君：《出土材料所见先秦古书的载体以及构成和传布方式》，复旦大学出土文献与古文字研究中心·学者文库，www.fdgwz.org.cn，2010 年 8 月 18 日。

由清华简《说命》三篇
论古书成书与文本形成二三事

2012年《清华大学藏战国竹简（叁）》的出版对于研究中国古代文献形成和文献活动的特点又提供了十分珍贵的资料，尤其是有些内容令人注意到古书成书以及古书文本形成过程中的一些以往尚不太明确的事实，因此具有非常重要的意义。其中最值得关注和深入研究的此类资料之一就是《说命》三篇。迄今包括整理者在内的许多学者在阐述《说命》三篇内容和文本特点时，也都从不同角度和以不同形式论及与古书成书和文本形成有关的诸多问题，有许多见解很重要。当然，虽然《说命》三篇在这些问题上能帮助我们形成一些想法，但如何恰当地归纳出这些想法，证明其为合理并说明其意义，还是需要深入讨论和研究的。本文就想在上述研究的基础上，更集中地就《说命》三篇所反映的与古书成书及文本形成相关的若干问题（不是全部）谈一点粗浅认识和体会，还望各方家指正。

　　《说命》三篇是这一批发表的清华简中明确属于《尚书》的文献。李学勤先生在介绍"新整理清华简六种"时已指出："《说命》是《尚书》的一部分。"（同时也表示简本是"真正的古文《尚书》"[①]）事实上在对清华简《说命》三篇作为古代文献的地位的认识中，人们首先关注的无疑就是它们属于《尚书》这一点。这在推进对古代文献的认识方面是非常重要的成果，人们看重这一点是很自然的。但是《说命》三篇的价值还不仅在于其关系到《尚书》。从更一般的对古书问题探讨的角度，通过对《说命》三篇的研究可以帮助我们认识一些有特别价值的问题。这主要是因为，如果我们进一步追问清华简《说命》三篇作为《尚书》的某个文本在《尚书》成书过程中的地位，就会发现即使有简本《说命》这样的资料，还是有一些问题实际上还不是完全清楚，还可以有一些讨

[①] 李学勤：《新整理清华简六种概述》，《文物》2012年第8期。

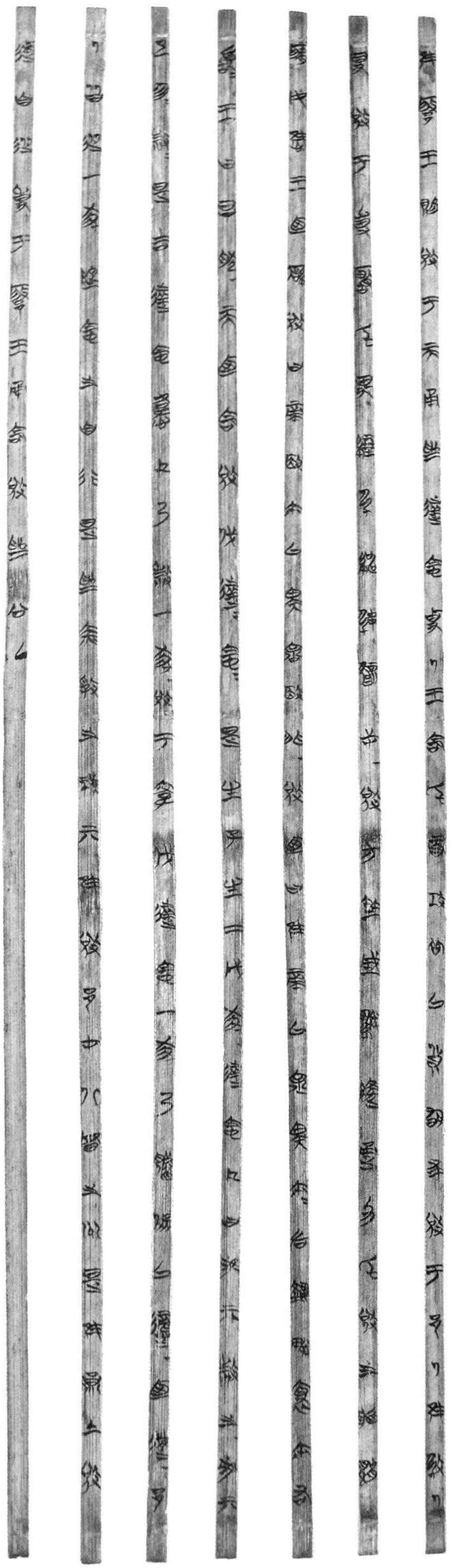

七 六 五 四 三 二 一

说命(上)

图 24 清华大学藏战国竹简《说命》上

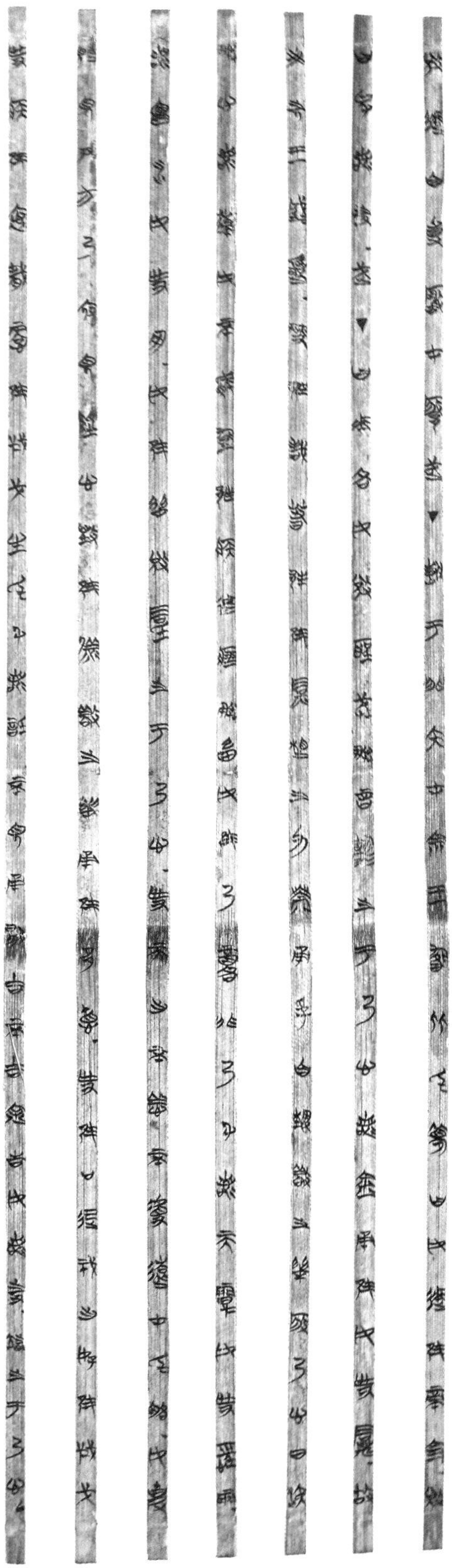

七 六 五 四 三 二 一

说命(中)

图 25 清华大学藏战国竹简《说命》中

图 26 清华大学藏战国竹简《说命》下

论并可能得出某些认识。例如,我们现在之所以能够甚至倾向于接受将简本《说命》三篇与古文《尚书》相联系,主要的理由似乎应该是:(一)由简本每篇最后一支简背上书写的篇题(《傅说之命》)知道这三篇的题名可以认为就是古文《尚书》中的篇目《说命》;(二)由三篇内容与先秦文献所引《尚书》中《说命》的文字的比较知道,简本文字与来自较早时期的《说命》文本的文字有大面积的吻合[①],表明是有早至战国时期的可信来源的,因此在品质上可以是《尚书·说命》的真正的战国时期的文本(而孔传本《尚书·说命》的情况则完全不可同日而语,可以完全认定是出于伪造)。但是从简本的表现看,有一个问题却也很值得注意,那就是简本的文字虽然在总体内容上可以确认是与见于先秦其他文献所引《说命》基本一致并互为印证的,然而在它们之间具体的文字运用及表达上的诸种不同还是明显存在着的。如李先生曾就简本与《国语·楚语上》有关文字的对比情况概括道:"看简文,知道白公子张是将《说命》作了概述,没有完全依照原文的次第。"[②]而导致这种情况出现的原因,并不能排除《楚语上》所据引的是与简本不同的另一种较早期的《说命》文本。由此表明有关的《说命》文本的情况可能十分复杂。这应该提示我们,虽然简本《说命》是比孔传本可信得多的早期《尚书》文本,但要确定其在《尚书》成书和文本形成过程中的确切地位,还是有一些环节是需要做更深入一步的研究的。

总之,像清华简《说命》三篇这样的古书资料,由于其有比传世文献文本更明确的流传年代,可以更有针对性地做一些比较分析,如果方法得当,应该可以通过对它们的深入分析,帮助我们获得仅据传世文献难以得出的有关古书文本形成乃至古书成书情况的某些认识。以下即简要谈一下我认为由清华简《说命》三篇的某些表现可以注意

---

① 李学勤:《新整理清华简六种概述》中对此有简要的介绍。
② 李学勤:《新整理清华简六种概述》,《文物》2012年第8期。

到的古书成书和文本形成方面的某些情况。

一、孔子编书与《尚书》篇题形成的关系

由于《尚书》是儒家的经典,所以很容易推想孔子应该参与过《尚书》成书或有关文本形成的过程。但对于这一点,由于缺乏直接的证据,在《尚书》史研究中是有严重争议的,否定意见的理由也颇值得重视。只是对孔子在《尚书》成书或有关文本形成过程中在一定意义上曾经起过某种作用,还是有不少学者是倾向于肯定的。特别是对孔子曾将《尚书》的诸多篇目作为儒家教育的教本做过所谓"编书"亦即某种整理的工作,许多《尚书》研究者均以为还是有可信之处的。也正是在这个意义上,《史记·孔子世家》关于孔子"序《书传》,上纪唐虞之际,下至秦缪,编次其事"的记述,也被认为有"近于事理"的部分,因为在有些学者看来,"在儒家教本中,把所搜集到的断简残篇的《书》加以编排,是孔子开展他的教育时所应该有的事"[①]。只是一直以来,由于没有更多的材料来支持进一步的分析,对于孔子编书活动的确切内容以及其对于《尚书》成书和文本形成的实际影响,有许多细节还都无法真正确定。

此次清华简(叁)的《说命》三篇,因其特有的一些内容,却能帮助我们来判断这方面之前尚不太能肯定的一些情况。例如从对《说命》三篇(连带之前清华简(壹)发表的《金縢》等篇)的分析中似乎有助于推定,孔子编书时应该还没有为各篇文字拟就确定的篇题。

孔子利用过《尚书》是可以肯定的。从已知的一些文献的记载看,孔子在对弟子的教学中涉及使用《尚书》内容,应该也不能完全否定。如《论语·宪问》中就记述了子张就《尚书》内容(佚文)向孔子询问而

---

① 刘起釪:《尚书学史》,中华书局1989年版,第12页。

孔子予以解答的情节①。陈梦家早年在《尚书通论》中提到《论语》中"无教弟子学《书》的明文"②，看来是不太确切的。但是从《论语》引《书》的情况看，其提到《尚书》的几处文字中均只称《书》大题，而未提及《尚书》各篇的篇题③。其中《为政》和《宪问》篇的有关文字分别引用了属于《尚书》的两段文字，也均未提篇名。这同《孟子》引《书》的情况相比较可以看出有一种明显的差别，很可被注意。《孟子》引《书》据陈梦家整理共计20例，其中也有相当部分(11例)是只称《书》大题的，但同时另有将近一半(9例)引《书》时则明确称篇题④。对于这一点，能否认为是反映了《尚书》成书和文本形成方面的某些情况呢？从陈梦家的一些评论看，是比较看重这个比较上的不同的。他据此提出两点，一是"《尚书》至此时(指孟子时)已有篇名"，以及"似孟子时《尚书》或者已编成课本"⑤。这也等于认为在孔子时候《尚书》还没有篇名，而孔子也并不肯定已做了编书的工作。只是这样的推断还需要对另一些更复杂的情况有说明。例如从《墨子》引《书》的情况看，它已经大量地称引篇题了(约12例)⑥。当然墨子整个活动都是在孟子之前的。但是《墨子》中称引《尚书》篇题的篇目如《兼爱》《尚贤》《非命》《天志》《非乐》《明鬼》等一般认为均不在墨子生前成书，而是由弟子后记编辑的。所以《墨子》引《书》的情况对《尚书》篇题的出现能说明到什么程度并不非常清楚。《荀子》引《书》的情况可以符合陈氏的推断，但与《孟子》比较，《荀子》只称《书》大题的引法占全部引《书》文例的比例似

---

① 李锐：《由近年出土文献论〈尚书序〉的有关问题》指出《尚书大传》也记述了"孔子生前引用、甚至可能评论过一些《书》"的情况，可参看，《清华简研究（第一辑）》，中西书局2012年版，第364页。
② 陈梦家：《尚书通论》，中华书局1985年版，第11页。
③ 分别见《论语》的《述而》《为政》《宪问》篇。
④ 参见陈梦家：《尚书通论》，中华书局1985年版，第12—14页。
⑤ 陈梦家：《尚书通论》，中华书局1985年版，第14页。
⑥ 陈梦家：《尚书通论》，中华书局1985年版，第23—24页。

乎更大(11∶14)①,而荀子活动年代要晚于孟子。因此对于上述引书情况的意义的准确解释应该还有比较复杂的方面。总之,关于《尚书》篇题的出现以及与孔子的关系,仅从传世文献内容推断确还是比较困难的。

　　此次清华简《说命》三篇内容的发表似有助于表明,由传世的或出土的文献文本所披露的《尚书》篇题在很大程度上都不能确定是在孔子编书时拟定的。也就是说,孔子编书应该不涉及为各篇文字正式命题。这主要是因为作为战国中期文献文本实物的《说命》三篇本身是写有自题的篇名的,那就是前文已提及的在每篇最后一支简背所书写的"尃(傅)敓(说)之命",而这与已知传世文献如《礼记》中的《缁衣》《文王世子》《学记》和《墨子·尚同中》以及出土文献郭店简《成之闻之》引《说命》文字时所称的"《兑命》""《术令》""《詔命》"(皆"说命"之异作)均明显有别,作为篇题应该认为是不相同的。从存世及流传年代上说,清华简《说命》三篇比起上述引《说命》文字并披露篇题的《礼记》《墨子》等传世文献都不一定更早,很可能会要晚一些②。但从各自篇题的表达方式看,"《说命》"与"《傅说之命》"比较,后者显出较为繁复,因而可能更保存原初的状态,而措辞简洁的前者反而可能已经过提炼而有异于最初形成者。《清华简(壹)》另有属于《逸周书》的《祭公》一篇,但篇题与传世本不同,也是更为繁复,作"《祭公之顾命》"。整理者表示:"本篇是今传世《逸周书》所收《祭公》的祖本。"③可见是认为简本的篇题应该有更早的来源。这同上文对简本《说命》三篇篇题意义分析的逻辑几乎是相同的。但是从战国以后《尚书》文本流传的

---

① 参见陈梦家:《尚书通论》,中华书局1985年版,第30—31页。
② 如虞万里认为《缁衣》成书"似应在郭店简、上博简钞本之前半个世纪左右,亦即公元前350年前后"。虞万里:《上博馆藏楚竹书〈缁衣〉综合研究》,武汉大学出版社2009年版,第451页。而清华简据测定其年代为公元前305±30年。《清华大学藏战国竹简(壹)》,中西书局2010年版,第3页。
③ 《清华大学藏战国竹简(壹)》,中西书局2010年版,第173页。

实际结果来看,被作为正式篇题永久使用的反而是"《说命》",这有可能说明简本的篇题尽管形成更早,但因为同样并不是出自孔子亲拟并被确定,所以最终不被传承。

关于清华简中属于《尚书》的一些篇目在简背书写不同于传世文本篇题的情况,《清华简(壹)》中《金縢》的表现也十分引人注目,并可能反映更多的问题。清华简(壹)的《金縢》同样也是在简背上写有与传世文本不同的篇题(《周武王有疾周公所自以代王之志》)。仅从直观来看,简本这则"篇题"的形态比传世文献本所题的"金縢"就更为明显地呈现某种初始性。这一点或许不是没有意义。因为从文例上看,简本《金縢》的这则"篇题"在体例上与传世文献披露的其他《尚书》篇题明显不合,而更像是一种记述性的说明文字。有学者已注意到这一点,如廖名春提出:"《金縢》文前的所谓《书序》,当从原篇题'周武王有疾周公所自以代王之志'概括而来。"①这应该是看出了简本"篇题"与《书序》体例上的相似性。事实上,简本"篇题"的写法是与《书序》写法几乎没有区别的(只是今传本《尚书·金縢·序》的写法较之简本更为简短,所以简本"篇题"更"不像"篇题)。此外,今传本篇题所用的"金縢"二字在简本"篇题"中也并没有出现。所有这些情况的原因很值得思考。但它们至少表明一点,即简本在简背所书写的十四个字的用途很可能是未被确定的。这应该是《尚书》文本形成过程中较早的某种形态的表现。这也支持"《金縢》"作为本篇的篇题由孔子亲拟并予以确定的可能性是较小的。清华简中还有《尹至》《尹诰》也属于《尚书》,却都原无篇题。另外《尹诰》是《礼记·缁衣》称引时用的篇题,《书序》则称为《咸有一德》。这些似乎都反映在古书活动的较早时期《尚书》文本携带篇题的不严格、不一律的情况,这当然同孔子编书并未涉及为有关文字拟定确定的篇题也都是更容易吻合的。

---

① 廖名春:《清华简与〈尚书〉研究》,《文史哲》2010年第6期。

二、《尚书》未知文本在早期文献活动中的作用

由上文的讨论我们实际上可以看到,孔子编书对于《尚书》成书和在有关文本形成过程中所起的作用是有限的。不仅对于篇题的拟定,看来孔子编书时并未做过,而且由此还可以进一步推断其编书本来就没有以做成《尚书》的统一的或标准的文本为目的。在以往《尚书》史研究中,已有学者据传世文献记述提出过这样的观点。如蒋善国《尚书综述》便明确说过孔子"在(《尚书》)传习方面也是有限度的,……至多他把所得的书简,按它们在历史方面的重要性,依次教授他的弟子罢了";换言之,孔子编书是不涉及"《书》的编次"的,当然也没有所谓"删书"之事①。现在因为孔子编书不涉及拟定篇题这一点更可确认,对蒋氏早年的这类推断自然是支持的。因此《说命》三篇在古书成书研究方面的又一价值,就是促使我们更倾向于认为孔子编书活动的性质只是为教授弟子编辑可用的教材。同时连带地形成的另一个重要认识就是,因孔子编书而出现的《尚书》文本只是《尚书》成书过程中出现的众多早期《尚书》文本中的一种。也就是说应注意历史上并非只有孔子一人、也并非只有儒家一家做过"编书"的工作。清华简《说命》三篇正好也能帮助我们看到这一点,显示其对于在古书成书研究中更准确地理解有关文本形成的复杂情况也有非常重要价值。

简本《说命》三篇之所以能帮助我们看出这一点,主要是因为三篇的文字与传世文献所引用的《尚书·说命》的文字在文字的运用及表达甚至篇章编排上存在差异,而且显示出这些差异应非出于传抄中的偶然误作,而是一种系统性的不同的反映。

如《国语·楚语上》中记白公子张的一段话,经清华简整理者有力

---

① 蒋善国:《尚书综述》,上海古籍出版社1988年版,第13页。

论证，现在普遍认同是引用了《尚书·说命》的佚文，而其文字与简本《说命中》可大段对应①。但是细比较，两者的一些较大的差异还是明晰可见。首先，语序有不同。《楚语上》"若天旱"句在"启乃心"句前，简本则相反；"若津水"句《楚语上》置于整段第二句，简本则为反数第二句。所以李先生《概述》中也说："《楚语上》只是把这几句串在一起了。"②其次，二者在用词上均互有增减现象。如《楚语上》"若金，用汝作砺"，简本在"汝"前增"惟"；《楚语上》"沃朕心"，简本句前增"曰"；而在简本"汝作舟""汝作霖雨"等句前《楚语上》均增"用"；简本"若詆不视，用伤"，《楚语上》于"视"后增"地、厥足"。简本与《礼记·缁衣》所引《兑（说）命》内容在用字、用词和语序上也均有较大差别。如简本有"惟干戈作疾"一句，《缁衣》所引则完全不见；而《缁衣》引文有"惟甲胄起兵"，简本则阙如。《墨子·尚同中》所引"先王之书"《术令（说命）》的一小句，同简本和《缁衣》所引文字也都有不少出入（《墨子》作："唯口出好兴戎"，《缁衣》作："唯口起羞"，简本作："夋（且）惟口起戎出好"）③。这些用字、用词及语序上的差别似乎都很难用传抄人的误作来解释，而更可能由于是所依据的文本本身的不同。

另外还有两个现象也反映《尚书》文本形成的复杂性。一是《礼记·缁衣》以及《文王世子》《学记》所引用的另几条《尚书·说命》的文字不见于简本《说命》。虽然这些引文的内容在更晚出现的孔传本《尚书·说命》中均被编入（有文字上的变动），但其来自所谓古文《尚书》文本系统的可能性是完全不存在的，因为清华简本《说命》的出现，已经表明所谓孔传本《尚书》不可信，其早期的成书过程自然也无从谈起。如果这几条引文并非出自生造，那么其所称引的对象很大可能应该是来自有异于简本《说命》的另外的一个或数个《尚书》文本系统。

---

① 李学勤：《新整理清华简六种概述》，《文物》2012 年第 8 期。
② 李学勤：《新整理清华简六种概述》，《文物》2012 年第 8 期，第 68 页。
③ 以上所列举文例均见李学勤：《新整理清华简六种概述》，《文物》2012 年第 8 期。

李学勤曾就此现象表示:"这大概是传本不同的缘故。"①实际上还可能包括最初的编辑方法并由此所形成的文本上的不同。另一个现象就是有学者注意到简本《说命上》在内容上与后两篇有性质上的不同,赵平安因而认为简本《说命上》"更像是《说命》的《序》",而作为正文,简本本身"缺一篇的可能性是存在的"②。当然从体例上看,将简本《说命上》整个看成是《说命》的《序》似乎还是有一定困难的。但是如果简本结构上确实存在三篇体例不一的问题,说明简本本身是有一定缺陷的,这当然反映了文本形成过程中一些未知的具体情况。这总的说来也更支持清华简文本的形成并不是《尚书》成书过程中唯一的文本形成过程的想法,同时还似乎表明简本也未必是具有特殊地位的③。

与《说命》三篇所反映的古书成书中文本形成上的这种情况相类似的,还可以提到《清华简(壹)》中的《金縢》与传世的今文《尚书·金縢》在文字上有大幅差异的情况。廖名春曾概括二者的异同说:"竹书本《金縢》与今本首尾一致,但中间行文却有详略之异。可以说今本详尽而竹书本简易。"④尤其是今传本中有关于周公祝告和举行占卜的详细描写,简本则有大幅的省略,关于占卜的情节甚至基本没有提。李学勤对此的解释是:"清华简与传世本《金縢》应分属不同的传流系统。"⑤同时或许也可以不排除在更早的所谓"编书"的环节上简本与今传本也已经是"分属不同系统的"。

作为一种文本上的系统性的差异的表现,早期《尚书》文本形成过程中这些复杂情况的出现,其根本原因是在于《尚书》这类文献的成

---

① 李学勤:《新整理清华简六种概述》,《文物》2012年第8期。
② 赵平安:《试析清华简〈说命〉的结构》。
③ 也有学者认为上述现象表明"先秦时期流传的《说命》原本绝非三篇……很可能在四篇以上"。但其同时也承认上述引文"当是别有所本",也就是来自不同于简本的其他文本。《清华简〈说命〉与传世典籍引文对读》,知北游 新浪博客,http://blog.sina.com.cn/wang20114。
④ 《清华大学藏战国竹简(壹)》,中西书局2010年版,第173页。
⑤ 李学勤:《清华简九篇综述》,《文物》2010年第5期。

书,其本身是建立对古代很早就存在的原始公共文献资源利用的基础上的。谈到《尚书》的"成书",也许需要明确一个概念,即在今天一般所说的《尚书》"成书"前,《尚书》的主要文字内容已经在一定程度上以未知的形式流传和被利用了。这主要是因为,《尚书》大部分内容的原型是来自藏于周室以及少数诸侯国(如鲁国)公室的、由各级史官撰写和加以整理、保管的官方历史文献或资料,也就是商周文献中说到的所谓"典策"(如陈梦家认为《尚书·多士》所说"惟殷先人,有册有典"指的就是这类文献和资料①)。而此类资料在商周之间有长时间的累积和保存。至春秋时期,《左传·昭公二年》所记述的"韩宣子来聘……观《书》于大史氏"中的"《书》",指的也应是这类文献资料,并且从《左传·定公四年》关于周初对鲁、卫、唐(晋)分封情节的详细记述中可以知道,鲁国拥有这些资料的重要来源之一就是鲁被分封时由周室赐与鲁国的"典策"。从《左传》的记述看,此时这些官方历史文献或资料有可能已经被称为"《书》"②。迄今《尚书》学研究普遍认同,这类原始的书类资料应该就是后来被编为《尚书》各篇文字的文献内容的原型或雏形,但是其具体的形式并不知。原始书类资料在很长时期里除作为官方文件的用途外,还以未知的形式被用于贵族教育(《左传·僖公二十七年》有赵衰称晋将郤縠"说礼乐而敦《诗》《书》",便反映这一点)。但在早期,这些官方历史档案资料对大多数人还是封闭的。《左传·昭公二年》的记述很清楚地表明这一点,说明当孔子少年时(11岁)能接触原始书类文献的还只有韩宣子这样的高级贵族,且十分不方便。但在孔子成年时这个局面显然开始改变,因为这时编书已经是孔子教学活动的一部分,意味着书类资料已进入为更多阶层人群利用的阶段。在当前文献学通用的概念里,所谓《尚书》的"成书"指的

---

① 陈梦家:《尚书通论》,中华书局1985年版,第19页。
② 关于《左传·昭公二年》所说"观《书》"的"书"的读法向有争议,陈梦家《尚书通论》认为可读为专名,可参看李学勤:《新整理清华简六种概述》,《文物》2012年第8期。

应该就是早期原始书类资料摆脱官方收藏限制后形成流行文本的过程。孔子无疑是参与这一过程的先行者。由于孔子编书活动的发生,就会出现《尚书》的流传于社会的一种文本,《尚书》成书的一个过程也由此启动。

但正因为《尚书》成书有这样的前提条件和背景,孔子编书所形成的《尚书》文本,显然不会是唯一的。孔子之后既可能有更多人做"编书"之事,由此形成的表现不一的《尚书》文本也会跟着陆续出现。在以往的《尚书》学研究中已有学者注意到战国时期不同学派都对《尚书》做过整理的工作,如刘起釪曾指出,"墨家也把《书》篇作为主要读本"并对《尚书》大加利用,表示"对于《书》的搜集编排不止儒家一家……有的或且过之"①。现在从清华简属于《尚书》的文献文本大多可归结为同类文本中的一种来看,这样的推断总体上还是有一定道理的。而从对清华简《说命》三篇以及《金縢》等篇所反映的《尚书》文本形成的复杂情况的认识中,我们最希望研究者注意的,就是进一步研究和充分估计未知文本在古书成书和文本形成过程中的作用。比如现在由于简本《说命》三篇的出现,如同《尹诰》即《咸有一德》一样,应该确证了所谓孔传本的不可信。相应地,李学勤、廖名春等均明确表示简本是"真正的古文《尚书》"②。我体会这应该指的是战国时期的、以战国文字书写的文本的意思。这无疑是完全正确的。但同时实际上对这个古文文本在整个《尚书》文本形成和演变过程中的地位和作用,我们还非常不清楚,也完全不能用对于汉代的古文《尚书》的已有认识来予以解释,包括对简本同汉代文本之间有否关系目前还非常缺乏判定的基础,因此这里所涉及的就是对一个未知文本的研究,而其意义是不容忽视的。再如,从《礼记·缁衣》所引《说命》文字与简本之

---

① 刘起釪:《尚书学史》,中华书局 1989 年版,第 12 页。
② 见廖名春:《清华简与〈尚书〉研究》,《文史哲》2010 年第 6 期。

间有合有不合的情况看,被孔传本编入其所谓"《说命》"的包括《缁衣》在内的一些先秦古书所引的不见于简本的那些"《说命》"文字,究竟又可能属于何种《尚书》文本,也还很费解。而这反过来对确定合于简本的文字的文本来源也形成难点。因此,目前也许还不能完全排除简本是与所谓"古文《尚书》"的系统也有着更复杂关系的某种未知的《尚书》文本。在古书成书和文本形成研究中注意到未知文本的作用,可能会帮助我们对解决一些难题有新的想法,所以将是简本《说命》三篇对推进这方面研究的又一贡献。

三、"语类文献"内容来源的严肃基础

此次清华简《说命》文本的面世,对于通常所说的古代"语类文献"的研究可能也具有重要的意义。这主要是因为简本《说命中》有一大段文字是在《国语·楚语上》中已被引用过的,而且在内容和用字及表达上基本一致,仅有局部的字、词和语序的不同。在《楚语上》中,与简本对应的这段话是楚大夫白公子张对楚灵王进谏时所引述的古时商王武丁的言论,这与简本描述的背景也完全相合。其中"若药不瞑眩,厥疾不瘳",《孟子·滕文公上》曾予征引,并明确为"《书》曰"。当然,正如上文曾讨论过的,《楚语上》中武丁言论的具体表述在字、词,尤其在语序上,与清华简《说命中》有不同,所以其所依据的原始资料或文本应该是不同的。但即使如此,《楚语上》还是很明显利用了《尚书》或所谓原始书类资料的内容作为素材。更可一提的是,《楚语上》对于《说命中》相关文字的利用是完全融入自身行文中的,已不是痕迹明显的引用,而是成为本文的一部分。这有可能反映出《楚语》作者是更直接地利用了较之成篇文本更基础的原始书类资料。总之,简本《说命》的出现令我们可以想象《国语》的做成同古代官方历史文献收藏应该也是有关系的。这对我们完整地理解包括《国语》在内的所谓"语类文

献"的做成提供了一项很重要的依据。

很久以来,《国语》这一类古代文献的地位和价值问题对学者一直是一个困扰。在许多人认识中,以《国语》为代表的古代"语类文献"是更多地与各色作者个人的创作相关的一类成果。与经部的文献相比较,其价值及可信度均居次位乃至须另论。就是在不完全忽视《国语》类文献价值的研究中,也不轻易或重视确认其与先秦较严肃历史文献资料之间的关系,对这类文献特征的首位印象还是其擅于对历史做故事性的演绎。如在有的研究中,针对荀、墨以至《史记》涉及"传""说""语"等古书类型的一些言论(如《五帝本纪》说《书》缺有间矣,其轶乃时时见于他说"等),表示"这里的'传''说''语'皆可视作是记述历史故事或传闻的文本,或是格言汇编";同时提出"语体类指的是先秦秦汉间流传的存故实、寓劝诫、助游谈为宗旨的材料"①。这总的来说,还是在文献的特性上将语类文献,当然包括《国语》,与书类相区别,并且暗示语类文献是对缺少书类文献严肃资料来源的状况的另类的补充。应该肯定上述研究本身是有其根据,也是有价值的。但是现在看来很可能问题还要比上面所讲到的更复杂。因为正如上文对清华简《说命中》文字在《楚语上》中被利用情况的分析所显示的,语类文献内容也有来自官方历史文献收藏的严肃的来源很可能是一个不容忽视的事实。因此其地位和价值应该有超过仅为所谓"寓劝诫、助游谈"之材料的可能。

另外还有一个与此有关的情况也可提一下。在对古书分类问题的研究中,李零曾提出古代的官书旧典"是史书之源",而贵族教育"是经书之源"②。这是很有深意的见解。我在这里想附议的是,在《国语·楚语上》中,有一段楚国大夫申叔时论春秋贵族教育的言论,非常

---

① 杨博:《简述楚系简帛典籍的史料分类》,武汉大学简帛研究中心,简帛·简帛文库,www.bsm.org.cn,2013年1月17日。
② 李零:《从简帛发现看古书的体例和分类》,《中国典籍与文化》2001年第1期。

有名。其中详细说到周代贵族教育中使用教材的情况,并提到《语》。其全文是:"教之《春秋》,而为之耸善而抑恶焉,以戒劝其心;教之《世》,而为之昭明德而废幽昏焉,以休惧其动;教之《诗》,而为之导广显德,以耀明其志;教之《礼》,使知上下之则;教之《乐》,以疏其秽而镇其浮;教之《令》,使访物官;教之《语》,使明其德,而知先王之务用明德于民也;教之《故志》,使知废兴者而戒惧焉;教之《训典》,使知族类,行比义焉。"从这段记述看,《语》的使用与属于六艺即"经书"的《诗》《礼》《乐》《春秋》是同等的。如果申叔时所说的"《语》"是与今天所说的"语类文献"(包括《国语》等)有联系的古书类型的话,那么这也会促使我们更郑重地看待语类文献成书的基础。

包括《国语》在内的早期语类文献,在内容上有补足经部古书所缺的重要价值,尤其是关于古代制度和传说时期历史的许多宝贵记述历来为史家所看重。简本《说命》三篇的出现如果对最终确认这些史料价值有帮助,对于整个古史研究的发展将会有巨大的推动。

("出土文献与中国古代文明"国际学术研讨会,北京,2013 年 6 月)

《楚居》中季连年代问题小议

《清华大学藏战国竹简（壹）》中《楚居》一篇在楚史的许多问题上提供了前所未见的资料，极其珍贵，对于研究楚史有很重要的意义。但是，其中有一部分记述的内容由于同人们前所了解的其他资料的记载有关，如何准确恰当地读出这部分简文的含义便涉及较多方面的问题，也引起人们讨论的兴趣。《楚居》中关于季连活动年代问题记述的方式及其确切的含义，就是这样的问题之一。目前我们可以看到学者中在这一问题上还是有不同意见的。季连活动年代问题本身对于研究中国传说时期历史无疑是有重要性的，而《楚居》的记述方式对于我们了解古代资料的做成也会有一些启示。本文即就此谈一点不成熟的想法，尚祈各方家斧正。

　　首先应提到的是，在传世文献的记载中，季连活动的年代大抵是比较早的。许多学者都注意到这一点。主要的根据就是在《大戴礼记·帝系》《世本》和《史记·楚世家》中，都是将季连同昆吾、彭祖等一起作为陆终之子来提及的，而陆终则是颛顼之孙重黎（祝融）的弟弟吴回之子①。所以季连基本上是属于传说时期的人物。最近李学勤先生在论《楚居》中古史传说的文章中也明确说："依《帝系》等所说，季连的时代要早得多，不能迟于虞夏之际。"②这应该是在原有资料基础上关于季连活动年代的一个比较有共识的认定。

　　《楚居》的出现在季连活动年代问题上之所以引起一些新的联想，是因为它在记述季连事迹时作为季连的关系人提到了"盘庚"。有关简文为："季连初降于騩山，……逆上汌水，见盘庚之子。处于方山，女

---

① 文献对于"祝融"同"重黎"或"重""黎"等名称之间的关系记法上有不同，此姑不深论。可参看罗运环：《楚国八百年》，武汉大学出版社1992年版，第37—40页。
② 李学勤：《论清华简〈楚居〉中的古史传说》，《中国史研究》2011年第1期。

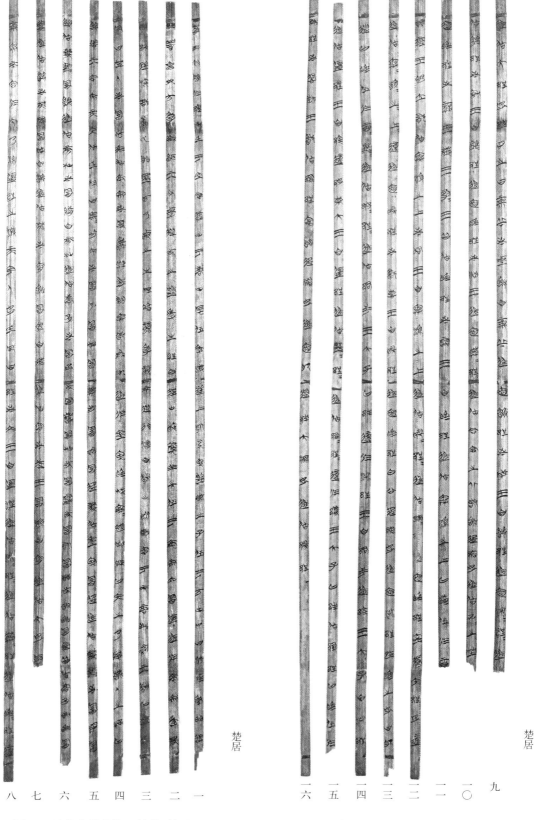

图 27　清华大学藏战国竹简《楚居》一至八　　　图 28　清华大学藏战国竹简《楚居》九至一六

曰妣隹。……季连闻其有聘,从及之盘,爰生緄伯、远仲。"①清华简整理者指出:"盘庚,疑即商王盘庚。"②这个意见对于楚史研究的重要性是在于它把季连活动的年代向后推了差不多七百年,由传说时期跨越式地跃入商后期。这对于楚史早段的认定来说,自然是相当大幅度的变化。从《楚居》简文本身看,这个意见应该是可以成立的。因为简文中"盘庚"二字绝对无误,而我们现在已知的作为历史人物的"盘庚"也只有商王盘庚。所以有不少学者对季连活动年代系于商晚期已深信不疑③。但是如果联系其他相关资料的内容,似乎还是有一些问题需要再加斟酌。从整理者说"疑即"来看,也表明其在这个意见的确定性上还是留了余地的。本文就想在这方面提一点可能需要考虑的问题,供学者在最终确定《楚居》记述的含义时参考。

一、季连活动的年代在文献记述中是与另一些具标志性的传说时期人物捆绑在一起的,季连活动年代的变动必然对这些相关人物活动年代有连带影响,其结果当如何看?这一点对季连晚出能否成立关系最大。众所周知,在《大戴礼记·帝系》等的记述中,季连作为陆终六子之一,是与昆吾、惠连、彭祖、莱言、安五人以同辈子嗣的身份被提到的。因此只要不否定陆终六子的关系,在活动年代上,他们之间不应有太大差距。现在如果要大幅变动季连活动年代,那么是否对陆终其余五子也要变动?但如果需要这样做,那会是很困难的,会牵涉非常复杂的问题。因为文献另有一些记载提到了陆终五子某人或某几人的活动年代,而都并不很晚。如昆吾,《国语·郑语》说他"为夏伯矣"。《诗经·商颂·长发》有:"韦、顾既伐,昆吾、夏桀。"《郑语》韦昭

---

① 清华大学出土文献研究与保护中心编、李学勤主编:《清华大学藏战国竹简(壹)》,中西书局 2010 年版,第 181 页。
② 清华大学出土文献研究与保护中心编、李学勤主编:《清华大学藏战国竹简(壹)》,中西书局 2010 年版,第 183 页。
③ 如子居谓:"今由《楚居》篇观之……季连本就是属于殷商晚期时人。"子居:《清华简〈楚居〉解析》,清华大学简帛研究网,http://www.confucius2000.com/,2011 年 3 月 31 日。

注还就昆吾发展的过程说到,其初"封于昆吾,昆吾卫是也。其后夏衰,昆吾为夏伯,迁于旧许",并引《左传》所说楚之"皇祖伯父昆吾,旧许是宅"(昭公十二年)证之。对于这整个过程的细节固然还可以有进一步研究,但总体上都是说昆吾活动的开始年代不晚于夏代还是很明确的。再如对于陆终之子的另一位——彭祖,有关的各种性质记述,据罗运环《楚国八百年》整理,有《庄子·大宗师》《楚辞·天问》、葛洪《神仙传》直至《经典释文》等等,大抵也将其系于远早于商后期的年代①。孔广森《大戴礼记补注》对传世文献所记彭祖后裔大彭事迹有一个归纳,首先也说道:"历事虞夏,于商为伯。"②表明对彭祖活动开始年代的估计也是在夏以前或虞夏之际。现在因为《楚居》简文中有季连与"盘庚"之子接触的记述,能不能将上述与季连同时代人物活动年代统统改过,看来是很需斟酌的。在我直觉上,由于这牵涉众多文献既有内容的做成问题,是不能轻易下结论的。这是季连晚出说带出的第一个难题。

二、在传世文献对楚王室世系的记述中,传统的读法是以季连属较早时期的,对这些资料能不能忽略或改动其含义,也应斟酌。我们知道,在较可靠的传世文献的记述中,楚王室先祖世系链有一段很大的缺环,其位置是在所说的"穴熊"亦即鬻熊之后。如《史记·楚世家》在谈到陆终六子事迹时对季连之后数世的传承情况的记述是:"季连生附沮,附沮生穴熊。其后中微,或在中国,或在蛮夷,弗能纪其世。"穴熊之后世系失记的意思很清楚。《大戴礼记·帝系》则云:"季连产什祖氏,什祖氏产内熊,九世至于渠娄鲧出。"所说"内熊"乃"穴熊"之讹,已经清人提出,而孔广森更指出"穴熊"与"鬻熊"也只是"声读之异",近因有新出战国简文的检验,这些读法都已得到证实③。对于上

---

① 参见罗运环:《楚国八百年》,武汉大学出版社1992年版,第48—49页。
② 方向东:《大戴礼记汇校集释》,中华书局2008年版,第753页。
③ 参见李家浩:《楚简所记楚先祖"(鬻)熊"与穴熊为一人说》,《文史》2010年第3辑。

引文末一句的准确含义现在很难得知，正如李学勤先生最近提到的，此句"费解，注释家有种种说法，都难以成立"①。但在一般的读法上，整句表明《帝系》作者对"内熊"之后一段世系的传承也已经很不清楚还是可以认定的，而这同《楚世家》的说法完全符合（当然据此或可推测在穴熊或鬻熊之后也许至少有"九世""弗能纪"）。

但是，在楚世系问题上，传世文献记述还有更复杂的一面，是在有些记述中还给出了鬻熊活动的绝对时间坐标。其中，最不可忽略的即《史记·楚本纪》所说"鬻熊子事文王"，以及后文中借楚武王熊通之口所说的："吾先鬻熊，文王之师也。"这两则均明说鬻熊为周文王同时代人。对此似乎并没有理由质疑。然而如果司马迁所记的"穴熊"就是鬻熊的话，按他对楚世系整体面貌的描述，"穴熊"或鬻熊应该在楚世系靠前的位置上，整个世系的缺环应该出现在"穴熊"或鬻熊之后，否则就会自相矛盾。因为如果所说"事文王"的"鬻熊子"指的就是所谓的"穴熊"的话，季连作为鬻熊的祖父，距周文王只不过两代人，怎么会"弗能纪其世"呢？同样，《帝系》提到的"九世至于渠娄鲧出"也将无从着落而难以理解。换言之，《楚世家》中的"穴熊"虽然在字面上根据现在掌握的证据应为"鬻熊"之讹，但实际所指应该有更复杂的情况。孔广森为解释上述问题曾沿相反的方向提出一个方案，谓："穴熊子事文王，蚤卒……但穴熊上距季连，劣及千岁，所云产者，亦非父子相继。"②这等于是把楚先世系失记的段落提到鬻熊即穴熊之前，而作为季连孙的"穴熊"亦非与周文王同时代之"穴熊（即鬻熊）"。虽然具体说法与《楚世家》不同，但其要点还是如《楚世家》一样肯定了楚先世系有长段的失记，因而也同样避免了将季连理解为更晚近的人物。因资料阙如，现在很难说哪一种解释方案是正确的，对造成这些复杂情况的全

---

① 李学勤：《论清华简〈楚居〉中的古史传说》，《中国史研究》2011年第1期。
② 方向东：《大戴礼记汇校集释》，中华书局2008年版，第754页。

部细节,看来一时也很难完全厘清,只是如孔广森等并不轻易抹去《帝系》《楚世家》在对楚先世系记述中对季连之后二世以下有长段失记的现象这一点,我想还是值得重视或者肯定的。孔广森作为清代学者对楚世系问题的这种推定,应该是反映了汉代以来学者的一种共识。在这一点上,李守奎先生说:"尽管司马迁把'穴熊'和'鬻熊'同一个人之名字异写误分为二人,但季连与鬻熊(指与周文王同时代者——引者)之间时代远隔,是多数学者相信的。"①应该是很对的。所以总的说来,文献在对楚先世系记述上的一些复杂情况,并不会引导将季连活动年代延晚。甚至可以像李守奎先生估计的那样:"传世文献关于季连的身世,在所处时代这一点上,几乎无异说,当必有所据。"②在这种情况下,为达成季连晚出说而忽略或更动传世文献的既有内容,是否可行,我认为也是需要特别慎重的。

　　三、将《楚居》简文中的"盘庚"读为商王盘庚,虽然在文字上并无任何问题,但在有关事实的关系方面似乎也还有可斟酌之处。在这方面已有学者提出了一些意见,我在此则补充几点想法。一是,在《楚居》记述中,季连迎娶的是"盘庚之子"或"盘庚之子"之女③。也就是盘庚的子辈或孙辈的女性。但是,据《诗经·商颂·殷武》的描述,商朝在盘庚子辈的武丁时与楚关系并不好,武丁曾"奋伐荆楚"。简文对季连求偶过程的记述也并无涉及古代常见的政治联姻的元素。因此在常理上,这似乎并不是描写季连与商王盘庚子女或孙子女间发生浪漫故事的最好背景,所以对这则故事的真实内容还可以斟酌,对于简文所说"盘庚"的身份的认定也还容许有一些疑问。二是,《楚居》是说季

---

① 李守奎:《论〈楚居〉中季连与鬻熊事迹的传说特征》,《清华大学学报(哲学社会科学版)》2011年第4期。
② 李守奎:《论〈楚居〉中季连与鬻熊事迹的传说特征》,《清华大学学报(哲学社会科学版)》2011年第4期。
③ 二说可分别参见李守奎:《论〈楚居〉中季连与鬻熊事迹的传说特征》,《清华大学学报(哲学社会科学版)》2011年第4期;李学勤:《论清华简〈楚居〉中的古史传说》,《中国史研究》2011年第1期。

连"逆上汌水"后"见盘庚之子"的。而汌水,据李学勤先生等考证应即《水经注》之"均水",亦即《汉书·地理志》之"钧水",在今河南淅川一带①。那么,由于在河南西南部的淅川与盘庚之后商朝都城所在的河南最北部的安阳相距甚远,季连为什么会在这个地点发生见盘庚之子的整个故事,也可能引起一点疑问。其三是,在《楚居》所说的"盘庚"之所指的问题上,简文后面提到"盘"地也许值得重视。《楚居》在记述季连"见盘庚之子"之后说到季连"从及之盘",整理者和其他许多学者读"盘"为"泮",为普通名词,应该都是可以讲通的。但是,将"盘"读成地名也是一种可以探讨的读法。如赵平安先生便认为此"盘"乃指位于今山东乐陵西南古般县的一处地方②。目前尚无法确定赵先生的整个说法能否成立,但如果如赵先生所读以"盘庚"与"盘"地联系,对于《楚居》整句含义便可能有不同认识。因为读"盘"为地名,《楚居》所说的"盘庚"就很可能是指在"盘"地并以之为氏的一个贵族而已。而如果简文中"盘"地是"盘庚"的氏的来源,那么所说的"盘庚"就不太可能指商王。因为按周代王室成员命名规律,既为王,应不以邑为氏。商王盘庚,"盘庚"为其名,而不应是盘氏。只是在目前材料条件下,对此我们还谈不上可以有确定的意见,尤其是我们无法知道在季连活动时期是否有过一个不是商王的"盘庚"。但是总的看来,对于《楚居》将季连与盘庚联系在一起的记法,确实还因为有诸多疑点存在而不能确定地了解其含义及真实性。

综上所述,对《楚居》关于季连这段记述的确切意义还有待进一步研究。在有关问题未得到充分澄清前,较为稳妥的做法或许应当是不必急于将其所记述的细节一律看作是有可靠依据的历史性的记载。在季连活动年代的问题上,若简单地依《楚居》记述的字面内容来加以

---

① 李学勤:《论清华简〈楚居〉中的古史传说》,《中国史研究》2011年第1期。
② 赵平安:《〈楚居〉的性质、作者及写作年代》,《清华大学学报(哲学社会科学版)》2011年第4期。

推断并做结论,很可能会导致出现错误。《楚居》关于季连的这段记述,不仅表明了季连活动年代问题的复杂性,同时也反映出古代记述资料形成过程中的复杂情况,因此《楚居》这则资料对于探讨古代记述资料生成以及古书成书问题也都可能具有重要的意义。

(原刊于《社会科学》2013 年第 4 期)

《老子》"早期传本"结构及其流变研究·序

宁镇疆博士的《〈老子〉"早期传本"结构及其流变研究》一书即将出版,我感到非常高兴。这部书根据对包括最新资料在内的所有有关资料完整与深入的整理和分析,对《老子》这本书的结构特征及与此有关的《老子》一书形成过程的一些重要问题作了很有价值的研究,其方法和结论都不乏新意,相信会受到学术界的关注和欢迎。

　　大家知道,在中国古史研究领域里,自二十世纪七十年代以来一项引人注目的发展就是由地下发掘陆续发现了一批又一批古代文献文本资料,其意义极其深远。比如1973年在长沙马王堆汉墓中出土的《老子》等多种古代文献的帛书写本,就极大地丰富了人们对古代文献较早期文本面貌的了解,促进了对于《老子》等一批重要古代文献研究的深入。但是由于当时所见的大多还只是汉代的资料,对于古代文献的诸多问题尚不足以获得更深入的认识。而自九十年代以后,这种情况有了更大的改观,一些更足珍贵和重要的资料终于出世,一时引起轰动。那就是大家已熟知的九十年代中接连出土和征集到的几宗份量极重而年代更早的古代文献文本资料的获得与公布,其中包括先后在学术界引起研究热潮的郭店楚简和上海博物馆藏战国楚简等。这些资料的获得,不仅以其所包含的前所未见的丰富内容为古史研究增添了大量新鲜史料,而且由于其提供了迄今所见年代最早的一批古代文献文本实物资料,对于古代文献问题的整个研究的意义自然是无可比拟的。以《老子》为例,在郭店楚简中就整理出较之帛书本还要早一百年左右的简本《老子》,这对于探讨《老子》形成的早期阶段的问题无疑提供了绝好的考察样本,对于《老子》研究的进一步深入,其意义自然是极其重要的。宁镇疆博士的这部专著便是在这样的新的研究条件下,从文献学的角度,对于《老子》这部古

图 29　宁镇疆著《〈老子〉"早期传本"结构及其流变研究》

书的结构上的特征及其形成过程所作的一次新的、深入的研究。由于掌握了新的资料，并吸收了学术界在近年来的研究中提出的一系列新的研究方法和研究概念，本书在所探讨的诸多问题上，包括《老子》早期传本的分章、分篇、章序、篇序等等，都较前人的研究有所推进。而本书在资料运用和处理上的严谨与细致，以及由为分析《老子》早期传本结构问题而提出的诸多新的概念所表现出来的逻辑上的缜密性，也给人以很深的印象。应该说，作为在对新资料深入分析基础上进行的关于《老子》结构特征与形成过程研究的一项新的成果，本书在一定程度上反映了这方面研究的最新面貌和成绩，对于《老子》研究的开展是有其贡献的。

本书的工作，以及学术界近年来围绕新出土文献所提出的问题所作的大量工作，除去与古代的某种特定文献（例如《老子》）有关的意义外，应能促使我们对于认识古代中国文献发生和发展的整个过程作更深入的思考。本书研究的布局，便体现了作者是把对《老子》结构问题的探讨同对于古代书史研究问题的思考相联系的。在《余论》中，本书还特别辟出一节，从"'类'的区分""'诸书互见'与古书材料来源的多元化"等五个方面详细讨论了"从《老子》结构的演变看古书的流传与形成"这个问题，表明作者对探讨中国古代文献形成规律问题的深刻关注与思考。这是很值得称许的，应该是本书及其他类似研究对于整个中国古史研究有益的又一项或许更重要的意义。

正如大家所了解的那样，就中国古史研究发展的现状而言，如何为这项研究建立起真正科学和完整的史料学概念与理论体系，至今仍然是一项具有全局性影响的、有待完成的基础性的任务。回顾中国古史研究的漫长历程及其中的成败得失，人们可以很清楚地感受到，古史研究的史料学基础问题，始终是决定有关研究能否成功的关键。而对于与此有关的诸多复杂问题，长期以来古今多少学者聚讼其中而莫衷一是。近代中国学术界在这个问题上提出的"疑古"的和主张"两重证据法"的这两大方法论立场,便都是为了在近代历史学和文献学方法的规范的要求上解决这一问题,在中国近代以来学术的发展上都是有重大意义和贡献的,然而在他们那个时代也都无法真正解决这一问题。正是在这个意义上,近年来不断发现的中国早期文献文本的大批实物资料,其对于中国古史研究的突破性发展才显示出其无可估量的重要性。因为这些珍贵资料的出土,前所未有地丰富和深化了我们对中国古代文献传统的真实情况的认识,也促使我们根据对新、老资料的通盘研究,来认真思考中国古代文献传统的完整的特征。而现在我们知道,真正解决中国古史研究的史料学基础问题的必要条件是应当对古代文献整体有尽可能全面和完整的了解,并对其形成过程作整体性的思考。

我们现在可以认识到,中国古代文献不是一些相互孤立的资料,它们在总体上是中国古代特有的文献传统的产物。我曾经提到过,在对古代事实的记录和叙述上,所有古代文字资料的表现,都是受古代中国已经形成一系列规范和传统的、十分发展的文字记录与流传系统的制约的。这些传统的内容包括:具备完善的原始记录系统(史官制度)、很高水平的资料整理系统(实用文献文本和古书的出现)、具有专业水准的资料著录系统和检索方法(目录学的雏形和对古书引用的传统)、一定意义和水平上的批评系统(史官职业准则的形成和非官属著作活动的出现),以及文献作为国家政治活动一部分的严肃的地位与品格等。从世界文化史的角度看,中国古代文献传统的这些表现是非常具有特点的,是与中国古代发展全部特征有关的一项十分独特的因素。我的这些看法的一个实际意思就是:在将古代文献作为史料来对待的问题上,合乎要求的做法是要把所有的讨论都放在对中国古代文献整体和文献传统全面表现认识的基础上来进行。那种根据局部的、片断的、孤立的特征来处理早期文献问题的做法已经被证明并不能真正解决古代与文献有关的重要课题,反而可能在最终结果上失误;而更重要的是,在局部和孤立的方法的方向上,已经不可能使我们对古代研究史料学基础的基本认识较之前人有实质性的提高,从而真正建立起合乎现代研究要求的史料学概念的基础和规范。所以,追求对于文献问题的整体性的把握,恐怕就成为现代古史史料学建设的一条准则。

正因为这样,我想,在当前陆续拥有新发现古代文献文本资料实物的极其难能可贵的新条件下,在分别对各有关资料作个案的具体研究的同时,积极开展对于中国古代"书史"乃至整个中国古代文献传统发生、发展的历史的研究,是非常重要的。当然,很久以来,对于上述这种涉及关于古代文献的整体性认识的要求,人们不仅还没有获得很清晰、很完整的认识,就是在研究的条件和手段上,在当时也是难以达到的。因为在仅仅能够看到已经长期流传的传世文献文本的条件下,由于资料本身不仅在内容与特征上无法就可能产生的文献学文体问题给出可资判断的独立依据,而且就其整体而言也显然远没有对于古代文献与文献传统的全面的表现为我们提供足够的资料。就是在近代,对古代研究的方法问题有极为出色思考的学者如王国维、顾颉刚先生,他们的工作也还因为缺乏完全做到这一点的客观条件而留下诸多需要继续讨论的重要问题。而现在,当人们已经能够真正看到中国早期文献文本的大量实物并有条件准确地加以整理和释读后,对于古代书史和古代文献传统过程作高水平的研究就不再是不可期望的事了。尤其是二十世纪九十年代以后才被誉为千古盛事的众多不属于古代实用文献范畴的先秦"古书"文本实物资料的发现,更是使得人们对古代文献总体和文献传统的了解和认识出现很大的飞跃,这必然会推动古代书史和古代文献传统的研究获得有价值的成果,而建立具有现代水准的古代研究史料学基本概念与规范的任务也会有真正重大的突破。

宁镇疆博士在跟从我攻读先秦史博士研究生期间,一直非常用功、刻苦,本书作为他的博士论文也颇受好评。现在书即将付梓,可喜可贺。也希望因年轻一代学者的这些出色工作,中国古史研究会迎来更大发展的明天。

(原刊于《〈老子〉"早期传本"结构及其流变研究》,学林出版社 2006 年版)

徐中舒先生读古史方法的一些启示

2008年是徐中舒先生诞辰一百一十周年。徐老一生在中国古史研究领域里辛勤耕耘,所留下的丰硕成果对于中国古史研究的发展有着历史性的贡献,向为学界及后学所敬仰,至今不减其价值。最近笔者重读徐老《先秦史论稿》一书,对于书中所体现的老一辈学者读古史时所用的某些方法似有新的体会,觉得对思考古史研究中一些尚在艰难探讨中的问题有助益,因写下若干想法,期与同好切磋,并以此作为对徐老冥诞的纪念。

图30　徐中舒著《先秦史论稿》

古书形成研究与古史史料学问题

徐老《先秦史论稿》(以下简称《论稿》)一书是对中国自史前至战国之整个先秦时期历史的进程和社会、经济特征的一个概述,虽篇幅不巨,但论述深刻,可以说浓缩和代表了徐老毕生对于先秦历史问题的主要见解[①]。其中,徐老在好几讲中都谈到了古史传说时期的问题,正是这一部分内容,今天读来似乎特别令我们体会到他在读古史时的一些方法上的特点。而这些问题有很多同当前古史界在传说时期历史问题上的讨论很有关系,值得我们注意。

从徐老谈古史的讲述中,我们可以很清楚地感觉到的是,其对于古代大量记述传说时期历史的资料是采取了一种审慎利用的态度,而不取那种比较轻易地否定一些古代记述的价值的态度。比如对于《史记·五帝本纪》所记述的古史传说,徐老认为:"司马迁整理的系统是有相当根据的。"[②]他的这个判断的理由是:司马迁所依据的"战国时代六国流传下来的资料,是保存了古代人民对于过去的酋长各据一方及其互相次第代立的史传。"也就是说,司马迁所依据的资料虽然是战国时期流传下来的,但它们有上古真实史实的素地。同时,徐老也指出"这些传说的次第"是经过了"战国的史家们"所做的"整齐划一的"工作[③]。这个态度值得注意之处是它实际上意味着对《大戴礼记》中《五帝德》《帝系》两篇关于古帝王世系记述的价值并不是绝对和全然否定的。因为徐老也明说了《史记》记述的自黄帝至尧、舜、禹以下的"这个世系是太史公根据古文资料《五帝德》《帝系》(见《大戴礼记》)而整理出来的"[④]。而我们今天遇到的一个很大的争论是,对于《五帝德》《帝系》这样明显经过综合化处理的

[①] 本书出版于1992年,已在徐先生身后。但据书末罗世烈先生《整理后记》称,本书由四川大学历史系整理小组根据徐先生生前授课"讲义和笔记,辅以徐先生的相关论文"整理而成,全书"保持原来的讲授内容,忠实反映徐先生本人对先秦史上若干问题的独立见解"。因此本书应可视同徐先生亲撰来讨论。徐中舒:《先秦史论稿》,巴蜀书社1992年版,第376页。
[②] 徐中舒:《先秦史论稿》,巴蜀书社1992年版,第16页。
[③] 徐中舒:《先秦史论稿》,巴蜀书社1992年版,第16页。
[④] 徐中舒:《先秦史论稿》,巴蜀书社1992年版,第15页。

古史记述资料是不是只能全盘予以否定而毋需作任何更深入的分析与研究呢？很显然，徐先生在这个问题上的态度是比今天有些学者所主张的要更为冷静的。

对于《五帝德》《帝系》这样明显有可疑理由的古史记述资料之所以还应当取较为审慎分析和利用的态度，从根本上说是因为我们对其内容的全部来源还并不真正清楚，而同时又可以肯定其中有具有独立来源、而非人为编造的内容。顾颉刚先生早年对于中国古代传说时期历史资料形成机理的那个著名解释，也就是所谓"层累地造成的中国古史"的理论，最大的问题就在于对有关记述内容之来源的看法过于简明、简单，在方法上过于理想化。因为如果真的有"层累地造成的中国古史"这样一个过程，那么这将是一种单线进展的过程。但实际情况显然并不这么简单。近年林沄老师曾在一篇讨论"疑古"问题的报告中对于顾先生"层累地造成的中国古史"的理论给予了很正面的评价，但同时林老师也提到，由于"现在发现的战国时代的《容成氏》……一点看不出《五帝德》所说的那种五帝系统，可见《五帝德》形成的年代可能要晚于《容成氏》（当然不排除同时存在不同说法的可能，但至少说明五帝系统不是普遍认同的古史观）"[①]。林老师所说的"不排除同时存在不同说法的可能"这句话很重要，因为这表明对于古史记述资料形成过程的一种清醒的认识是要看到古代可能存在古史记述资料形成的多线条、多系统的过程，而不是只有一个单一的过程。《容成氏》所记述的传说时期历史内容的特点是，它有序地叙述了自远古开始的整个古史历程，并大体上可分作三段：一是尧以前；二是从尧至禹；三是禹以后[②]。这里应特别注意到的

[①] 林沄：《真该走出疑古时代吗？——对当前中国古典学取向的看法》，《林沄学术文集（二）》，科学出版社2008年版，第284页。
[②] 参见陈剑：《上博简〈容成氏〉的竹简拼合与编连问题小议》，《上博馆藏战国楚竹书研究续编》，上海书店出版社2004年版，第327—334页。

是,其第一段与第二、第三段叙述的内容显然有着不同的来源。以徐旭生先生在《中国古史的传说时代》中对古代古史记述系统问题的分析来看,第二段和第三段所叙述的内容大体上应与所谓东方系统的"五帝说"相契合(但无完整表现),而第一段所说则与此系统了无干系[1]。这一段中所叙述到的古帝王(包括原残缺而由学者合理补释的部分),有的与《庄子·胠箧》等提到的相合,而《庄子》的这个古帝系统后来被采入源自《春秋纬》中的《命历序》的古史系统[2]。所以,不仅《容成氏》与《五帝德》《帝系》之间有受不同古史记述系统支配的问题,就是《容成氏》自身内部,也有很复杂的受不同古史记述系统影响的问题。既然如此,对于古史记述资料的这种复杂关系仅用一种关于系统伪造的理论来解释,显然是不充分的,因而也是远不能视为定论的。事实上,《容成氏》的出现对"层累说"会构成如下的问题:如果可以把《容成氏》形成的年代看成要早于《五帝德》,那么依照"层累说"的逻辑,《五帝德》所记述的远古帝王世系的内容应多于、前于《容成氏》,但实际情况却恰好相反。而如果因此反过来把《五帝德》的年代提早,那么其记述的古帝王系统就可以被认为出现较早了,这也是与"层累说"的主张不相容的。甚至于即使如林老师推测的那样有可能二者是"同时存在"的,那对于"层累说"也不能满足,因为既然同时存在的《容成氏》记述的内容已超过了《五帝德》《帝系》,就不再能将《帝系》《五帝德》的记述完全说成是对已有记述不断叠加的结果。这些问题应该反映了"层累说"粗糙的地方[3]。

---

[1] 参见徐旭生:《中国古史的传说时代》,文物出版社1985年版,第204—215页。
[2] 参见徐旭生:《中国古史的传说时代》,文物出版社1985年版,第242—259页。
[3] 裘锡圭先生曾就《容成氏》的出现对于顾颉刚先生关于古史资料问题的结论的影响评论说:"讲古史的《容成氏》,讲尧之前历史的部分,……可以看出并不存在《五帝德》所说的那种五帝系统。这也是对顾说(按指顾先生关于《五帝德》古史记述内容的见解——笔者)有利的。"(裘锡圭:《新出土先秦文献与古史传说》,《中国出土古文献十讲》,复旦大学出版社2004年版,第30页)。而由于《容成氏》的出现说以"层累说"解释古史记述内容的形成是有内在困难的,因此对《容成氏》记述中特定内容空缺的意义还可以等待更全面的研究。

至于对《五帝德》《帝系》这样的文献也应看到其中有具有独立来源、而非人为编造的内容这一点，由于二十世纪九十年代以来对新出土古代文献研究的进展，现在似乎已不是非常难以说明的了。这也是近年来古史学者细心追求新成果的一个很重要方面。例如饶宗颐先生在九十年代末就曾根据对包山楚简和望山楚简等资料的讨论说过："《帝系》所述，一向被目为荒诞神话，不足重视。近年出土甲骨、简帛，逐渐证实其中所言非尽出于子虚乌有。"①他所举出的例证就有包山楚简中对"楚先"老童、祝融等人名的记载等。饶先生在 2001 年时还就对银雀山汉简《孙膑兵法》的讨论提出："尧、舜、禹、纣、周武相继蝉联的年代先后的说法，在孙膑以前，亦大体成立。"②这实际上也涉及对《帝系》记述内容来源问题的看法。饶先生实际上更进一步对传说资料中黄帝素材出现的问题也有一些探索。我们知道，顾颉刚先生是认为至孟子时的古史记述中是还没有出现黄帝素材的，因此他说孟子所说的古史"只提出春秋时代的五霸和夏、商、周时代的三王，组成的两个集团；至于三王以前，他便没有什么集合的称谓"，直到荀子时才"在三王和五霸之上更堆上了一座'五帝'了"③。然而饶先生却针对银雀山汉简《孙子兵法》佚文中《黄帝伐赤帝》的记述表示：这宗记述"至少可以证明五色帝在孙子时代已形成系统"，并且引何炳棣说指出《孙子兵法》"全书具春秋属性，现存《孙子兵法》与《吴问》都是撰就于吴王阖闾召见孙武之年（前 512 年）"④。如果这个推断成立，那么古史记述资料中黄帝素材的来源就不会是孟子以后某个人为编造过程的结果，而历史上关于"五帝"的概念也并非形成得如顾先生

---

① 饶宗颐：《饶宗颐新出土文献论证》，上海古籍出版社 2005 年版，第 37 页。
② 饶宗颐：《饶宗颐新出土文献论证》，上海古籍出版社 2005 年版，第 28 页。
③ 顾颉刚：《中国上古史研究讲义》，中华书局 2002 年版，第 11 页。
④ 饶宗颐：《饶宗颐新出土文献论证》，上海古籍出版社 2005 年版，第 28 页。

主张的那么晚①。

实际上,徐老对于古史记述资料取审慎利用的态度,不仅表现在同《五帝德》《帝系》有关的问题上。对于《世本》也是这样。徐老在《论稿》中讲述夏代历史时指出:"夏代世系,一般都根据《史记》,而《史记》则是依据《世本》的。……我们有理由相信这个世系是可靠的。"②而在顾先生的认识上,《世本》是要"和《五帝德》《帝系姓》等比类而观的",甚至说"是一部整理伪史的书"③。徐老的判断当然不会是因为他忽略了《世本》这类文献自身在成书方面所应研究的问题,而主要还是应该同他对古史记述资料形成的复杂情况有充分的认识有关。在夏世系的问题上,徐老还特别说明了"西晋时代发现的《汲冢纪年》对于夏代也有相同的记载"④,表明他以之为旁证,但对此顾先生也应该是熟知的,而顾先生并未因此对《世本》有更积极的态度。所以我觉得其中的区别是在于对古代记述资料整体的一种认识的不同。在这一点上,徐老所取的方法对我们今天的研究还是有启发的。

由此我们还可以注意到在看待古史记述资料各自可能的价值时,相对于徐老《论稿》所体现的注意以对文献问题整体的认识来对待有关文献的审慎的做法,顾先生在构建其以"层累说"为核心和基础的古史理论时,似乎表现出更强的意念性,也就是似乎以追求条件的理想化来达成某种方法。比如众所周知,《左传》和《国语》中有大量对于传说时期历史记述的资料,内容非常宝贵,而且相较于《五帝德》《帝系》

---

① 饶先生的这个推断在方法上很值得注意。因为银雀山简只是汉代文本,但其内容是可认为著述于春秋时期的《孙子兵法》。因此饶先生将其作为说明春秋时期事项的资料看待。这种方法虽非常见,但在一定条件下对于说明古史记述内容的形成也有很好作用。与此相类似的,饶先生甚至根据《史记·封禅书》中有"秦灵公作吴阳上畤,祭黄帝;作下畤,祭炎帝",认为此时(前424—前415年)"炎帝与黄帝的二分法已正式形成"。如果《封禅书》记秦灵公时的这件事不是后造的,那么饶先生的推断也还是很有力的。
② 徐中舒:《先秦史论稿》,巴蜀书社1992年版,第25页。
③ 顾颉刚:《中国上古史研究讲义》,中华书局2002年版,第97、101页。
④ 徐中舒:《先秦史论稿》,巴蜀书社1992年版,第25页。

等,不仅著作年代应较早,经人为综合的问题也比较少。在徐先生的《论稿》中在许多问题上都正面引用了这些资料。比如在讲述夏代夷夏问题时,引用了《左传》昭公二十九年"少昊氏有四叔"一段和僖公二十一年"任、宿、须句、颛臾,风姓也,实司太昊与有济之祀"一段;在讲述商人起源时,引了昭公十七年郯子说少昊氏名官的一段;而在讲述少昊之后夷地情况时,引了《国语·周语下》①。但是从《中国上古史研究讲义》的论述看,顾先生对于《左》《国》中传说资料的态度是有更多意念性的。他的态度有两个突出的要点:一是首先把二书成书年代断为战国以后,而且强调"经过了汉代人的窜乱,当然里边说的古代史事杂糅着汉代的成分";二是判定"《国语》所记的各国世系,凡力写的恐怕都是'有所为而为'的"②。这一方面自然会减低对二书有关记述的可信度的估计,另一方面又为研究者对所有资料中想置疑的部分提出了逻辑依据。这样很显然对构建完满的"层累说"理论是有利的。我们觉得正是这样一种态度和方法,表现了研究者的某种刻意性。因为不仅对于《左》《国》成书的问题还需要更全面的研究,就是所谓汉代人窜乱问题的细节也还是需要足够证据来证明的。至于所谓"力写"部分的标准,更是没有说清的东西,故而很容易被用来由意念而判定材料的生死。把这些问题都撇开,不郑重对待,却已对利用《左》《国》有严厉的尺度,这就是刻意性的表现。我们知道,《左》《国》中有许多记述涉及所谓"五帝"时期的众多传说人物,对其相互之关系,也有非常丰富的表述,其中甚至有似乎很"综合"的(如《国语·晋语四》《鲁语上》《左传·昭公十七年》等)。对于这些内容如何看待,从目前来说也许还有待更全面的研究,而这种研究对于真正了解古史记述系统的形成是有益的。顾颉刚先生也说《国语》(他从刘逢禄说以《左传》是由五

---

① 徐中舒:《先秦史论稿》,巴蜀书社1992年版,第36、37、54页。
② 顾颉刚:《中国上古史研究讲义》,中华书局2002年版,第13、19页。

十四篇《国语》之部分与《春秋》经文合成的)"或者很有些真材料,为别种书里所看不见的"①。问题在于如果对于这些材料先由感觉上(不是经确实的论证)定为"力写"的,那么很多问题就可能发现不了了。因此我觉得我们今天特别需要的恐怕还是如徐先生表现出来的那样在文献问题上较为审慎而少刻意性的方法。

学术界对传说时期历史研究方法问题的认识,自顾颉刚先生发表《古史辨》第一册后八十多年来,经过历代学者艰苦的探究,应该说是有重大进步的,但同时也充满了各种的争论,空白和疑点仍不少,这是很正常的。在对待《五帝德》《帝系》等古史记述内容的问题上,近年来讨论也十分热烈。许多学者都提到李学勤先生在这个课题上的工作,而他所提出的关于这两个文献记述价值的一些看法,也引起讨论②。我认为李先生的这些工作和有关的讨论对于进一步推进这方面的研究都是有益的。事实上对于这两个文献的许多问题我们今天确实需要进行更深入的研究,而不必期望立即有全面和最终的结论。所以对于古史辨派当年认定的《五帝德》《帝系》的内容形成于战国的结论性意见,实际上不应看作是对此问题研究的终结,因为这个问题的整个细节显然还是很需要继续研究的。我认为,古史界需要对这一研究的目标有清醒的认识,同时在方法上也不断改进而更合理,从而在这些艰难课题上取得切实的进展。

(原刊于《四川大学学报(哲学社会科学版)》2009 年第 4 期)

---

① 顾颉刚:《中国上古史研究讲义》,中华书局 2002 年版,第 19 页。
② 李学勤先生的有关论述可参看《古史、考古学和炎黄二帝》,李学勤:《走出疑古时代(修订本)》,辽宁大学出版社 1997 年版。

编后记

谢先生的这本书源于几年前先生七十寿辰时门人弟子编的一个集子。在将先生十余年内发表的成果汇总后，我们发现其中对古书形成和古史史料学问题的探讨占了最大比重，完全可以独立成编。

通览书中的各篇论文，可以发现由出土文献催生的古书形成研究进而探讨古史史料学的概念、规范和要求，始终是先生这些年着力思考的问题，这反映了先生的前瞻性眼光。先生对古史史料学概念及相关古史研究法则的探讨也达到了同时期少有的深度，显示了先生学术研究中一贯重视理论的特色，此与为学界艳称的先生对周代家庭形态、中国早期国家的研究，完全可以鼎足而三。本人目前主持国家社科基金重大项目"出土简帛文献与古书形成问题研究"，与古书形成研究有关的古史史料学问题也是子课题之一，今天我们做这方面的研究，先生书中的这些论述自应该是常读常新的。

面对由出土文献涌现所带来的对古书形成过程的新认识，先生倡导合理的古史史料学概念和使用法则，这种"合理的古史史料学"，先生有时用"科学的古史史料学"，有时又用"现代古史史料学"，这些提法有两个相对明确的指向：其一是传统的辨伪学，先生认为古史史料学绝不简单是个真伪问题，传统辨伪学在目标和方法上都与古史史料学的要求完全不同；其二是以顾颉刚先生之"层累说"为代表的近代疑古思潮。先生认为顾先生的"层累说"尽管也是"古史史料学的概念沿科学性的方向不断改造"（《二十一世纪中国古史研究面对的主要问题》）之一环，但由于不了解古书形成的细节和真实过程，或对古书"有关记述内容之来源的看法过于简明、简单，在方法上过于理想化"（《徐中舒先生读古史方法的一些启示》），本质上"是对中国早期文献文本生成机理的非常主观的想象"（《古书成书情况与古史史料学问题》），因此总体上是不成功的。顺便提及,现在学者谈古书形成问题,有时也用到"层累的形成"这样的表述,但这个"层累"主要强调古书"历时态"的形成,非一蹴而就,且成于众手——这与顾先生所讲的"层累"已经完全不同。对此不加分辨,甚至于将顾先生的"层累说"推崇为普遍性的真理,都是不符合事实的。今年适逢顾颉刚先生提出"层累说"一百周年,我们今天纪念顾先生,除了指出其学说对史料辨析求实的杰出贡献外,以今天的史料学视野,特别是对古书形成原理的新认识,也不必讳言"层累说"在理论构思上存在的问题。关于这一点,谢先生这本书中有多篇文章涉及,而尤以《"层累说"与古史史料学合理概念的建立》一文最为集中,有兴趣的读者自可参阅。

谢先生对于古史史料学的讨论,我个人体会还有两个比较新颖的提法这里要重点提一下:一个是"知识社会学",一个是"文献传统"。

关于"知识社会学",先生虽然只是顺带提及,并没有正面论述,但先生对古史史料问题的看法则始终贯彻这样的思想,即强调古书或者说史料它不是孤立的东西,本质上可以视为古代社会的知识生产,因此与古代社会的诸多因素都有密切联系。比如与常见的古书形态的史料相对,先生还多次提及大量实用类器物中的古史资料,认为这类资料与诸子百家类的古书资料之生成动机完全不同,实际上是一种普遍观念或规范的反映。按照过去"层累说"惯常的年代学逻辑:"到了什么时候又出现了什么",似乎"又出现了什么"是新"生产"的知识,但实用类器物中的资料则明显只是"使用"知识,是"继承",不是"创新",不明白这一点,势必在年代学上走入误区。另外,实用类器物中之古史资料对于我们考察古书文本内容的来源也是很好的参照。这些实物资料,包括不同性质文本中存在的、共有的古史内容,也从宏观上构成了多头绪、多线条的古史记述(参见拙文《由清华简〈四告〉"度天心"谈古史道统说的传承及知识谱系》,《史学集刊》2024年待刊),它们之间如何相互影响、彼此联系,同样反映了"知识"如何"社会学"的话题。

这些内容,无论是传统的辨伪学还是近代的"层累说"都是缺少考量的,但现在由出土文献所反映的情况看,这些因素都应该是有待深入挖掘的。关于知识社会学的话题,前人包括晚近学者研究古书体例的一些提法也有不同程度的触及,比如说古人没有后人那样的"著作权"观念等,即是显例,但谢先生则首次对这些与史料生成过程有关的林林总总的现象予以"知识社会学"这样凝练的概括。窃以为这一概念在摆脱过去孤立地看待古书或史料,进而概括、整合古代知识生产的各种可能性方面具有明显的优势,因而可以视为先生一项重要的理论贡献。

关于"文献传统"。这个想法其实先生早年在给我们上课时即多次提及,可知他对此问题思考了很久。这本书中收录的几篇文章则系专门讨论这个话题。先生认为中国的"文献传统"之内涵包括:"具备完善的原始记录系统(史官制度)、很高水平的资料整理系统(实用文献文本和古书的出现)、具有专业水准的资料著录系统和检索方法(目录学的雏形和对古书引用的传统)、一定意义和水平上的批评系统(史官职业准则的形成和非官属著作活动的出现),以及文献作为国家政治活动一部分的严肃的地位与品格等"(《〈老子〉"早期传本"结构及其流变研究·序》)。先生界定"文献传统"的这些丰富内涵,也能支持上述"知识社会学"的看法,即在古代中国,文献的生产与使用是高度社会化、也是很严肃的社会活动。因此,他对史料学问题的看法也与"文献传统"相关:"中国古代文献不是一些相互孤立的资料,它们在总体上是中国古代特有的文献传统的产物"(《〈老子〉"早期传本"结构及其流变研究·序》)。认为史料是"文献传统"的产物,是一种"知识社会学",先生是想强调对于文献的记载应该严肃对待。在出土材料大量涌现的今天,我们诚然应该重视出土文献,但也不能像国外学者那样矫枉过正,进而视"依据地下出土之文物讲古史乃古史史料学之正宗的观念",相反,传世文献的地位则相应变成了"依赖性的"

(dependent)(《古书成书情况与古史史料学问题》),这无疑是对传世文献性质、价值的片面认识。顺便提及,不知从什么时候起,考古学领域的学者开始喜欢用"文献史学"一词来指称一般所谓的"历史学"。这个提法十分怪异,使用这一提法的学者大概觉得一般所谓的"历史学",都是从"文献"这样的"纸上"得来,由于未得考古的证明,遂只能称之为"文献史学"。问题是如果"文献史学"的概念可以成立,从语法对位的角度看,莫非还有一个"考古史学"?——这更不伦不类,很容易让人误会成"考古学史"。当然,我相信使用"文献史学"提法的学者,其抱负是不会满足于只将"考古"视为与"文献"并列的手段。在他们看来,"考古"毋宁是"历史"的"终结者",似乎只有经由"考古"确定了的,才算"史学"或"历史"。这里且不说上古,即《史记》以下的二十四史系统,如果都需要考古的证据而后信,那真正值得采信的还有多少?其实,从"文献传统"和"知识社会学"的角度看,所谓"文献史学"上的记述尽管大多是"纸上得来",但也决非都是些轻飘飘的"无根之谈"。关于这一点,先生曾就"语类文献内容来源的严肃基础"专门有过讨论(《由清华简〈说命〉三篇论古书成书与文本形成二三事》)。实际上,在古史研究上只将考古视为决定性证据,而将文献记载如国外学者那样视为"依赖性的"(dependent),其实本质上是对"文献传统"或文献生成机理的隔膜。正因为从"文献传统"或"知识社会学"的角度看待文献史料,所以先生认为现代古史史料学首先应该被确认的一条原则是:"在没有确定已拥有完整证据的条件下,不要急于认定某部古书为'伪书'"(《古书成书和流传情况研究的进展与古史史料学概念——为纪念〈古史辨〉第一册出版八十周年而作》),这很容易让人误会成"疑罪从无"(最近学者讨论夏文化的问题仍然涉及这样的方法论立场),其实先生对此还有另一个非常形象的说法:"对古代资料,整体作'环保'。"(《"层累说"与古史史料学合理概念的建立》)正是基于对古史记述取"环保"的思想,所以先生在评价王国维于《山海经》这样的书中发现有价值史料时说:"那就是对古书内容中尚不知的生成过程勿擅言之,虽不可简单地将这些内容径直奉为'信史',但仍可以在承认其复杂性的前提下讨论并确定特定内容本身的价值。"(《从豳公盨、《子羔》篇和《容成氏》看古史记述资料生成的真实过程》)在评价徐中舒先生对史料的利用时也说:"其(指徐中舒先生,笔者按)对于古代大量记述传说时期历史的资料是采取了一种审慎利用的态度,而不取那种比较轻易地否定一些古代记述的价值的态度。"(《徐中舒先生读古史方法的一些启示》)这些可以说都是考虑到"文献传统"背景下史料生成的复杂性,因此弄清古书内容元素的来源和史料生成的具体过程,应该是比考辨"真伪"更有意义之问题。

以上是笔者在编辑、学习谢先生上述论述过程中的一点体会,希望能对读者阅读此书有点帮助。当初纪念谢先生七十寿辰文集编订过程中,赵争、谢科峰等门下弟子在资料汇集、整齐体例等方面出力尤多,特此说明,并致谢意。

宁镇疆

2023年7月